P9-CFT-246

Federico García Lorca

La casa de Bernarda Alba

FEDERICO GARCÍA LORCA

La casa de Bernarda Alba

Paola Bianco
Wilkes University

Antonio Sobejano-Morán
SUNY Binghamton

focus an imprint of
Hackett Publishing Company, Inc.
Indianapolis/Cambridge

La casa de Bernarda Alba
Text © Herederos de Federico García Lorca, used by permission.
Additional material © 2005 Paola Bianco and Antonio Sobejano-Morán

Previously published by Focus Publishing/R. Pullins Company
Focus an imprint of
Hackett Publishing Company, Inc.
P.O. Box 44937
Indianapolis, Indiana 46244-0937

www.hackettpublishing.com

Cover illustration by Amy Roemer, www.amyroemer.com

Cover Design by Guy Wetherbee | Elk Amino Design, New England.
elkaminodesign@yahoo.com

ISBN 13: 978-1-58510-143-6

All rights are reserved. Printed in the United States of America.

19 18 17 16 15   6 7 8 9 10

Table of Contents

Introducción vii

La casa de Bernarda Alba 1

    Acto Primero 2

    Acto Segundo 25

    Acto Tercero 48

Cuestionario 67

Bibliografía 75

Introducción

Federico García Lorca

Vida Federico García Lorca (1898-1936) nació en Fuentevaqueros, un pueblo cercano a Granada, en la región de Andalucía. Su padre, Federico, fue un rico terrateniente, y su madre, Vicenta, ejerció de maestra en una escuela local. Federico García Lorca nació en 1898, y años después, en 1909, la familia se mudó a Granada. Federico cursó sus estudios de bachillerato en el colegio del Sagrado Corazón, y aquí mismo se graduó en 1914. Inmediatamente después se matriculó en la universidad de Granada en dos carreras: leyes y filosofía y letras. Durante este período universitario Lorca conoció a dos hombres que ejercerían una gran influencia en su vida: el compositor Manuel de Falla y Fernando de los Ríos, un intelectual que proponía la renovación política, intelectual y artística de España. En 1919 Lorca se desplazó a Madrid, y una vez aquí se hospedó en la famosa Residencia de Estudiantes, donde conocería a intelectuales como Rafael Alberti, Jorge Guillén, Pedro Salinas, Gerardo Diego, Dámaso Alonso, Vicente Aleixandre, Salvador Dalí, y Luis Buñuel. También conocería a Gregorio Martínez Sierra, director del teatro Eslava, quien le ayudaría a representar en 1920 su primera obra: *El maleficio de la mariposa*.

De 1921 a 1923 Lorca cultivó su talento poético y se familiarizó con el *ultraísmo*, movimiento literario que dejaría su marca en su obra *Canciones*. De 1924 a 1928 Lorca pasó por momentos de depresión, y es en este período cuando publicó

Romancero gitano (1928) y cuando desarrolló su compleja relación personal con Dalí. En 1927 publicó su obra *Canciones*, trabajó en una tragedia, ahora perdida o destruida en su tiempo por el autor, titulada *El sacrificio de Ifigenia*, y representó en Barcelona y Madrid su obra *Mariana Pineda*. En 1928 dio por terminada su relación con Dalí, y la revista artística *Gallo*, que él mismo había fundado, dejó de publicarse después del segundo número. En 1929, después de hacer escala en París y Londres, llega a Nueva York y toma clases de inglés. Poco después visita a un amigo en Vermont y aquí comienza la redacción de *Poeta en Nueva York*. De vuelta en Nueva York, Lorca entabló amistad con algunos intelectuales españoles que vivían o pasaron por Nueva York: Ángel del Río, el torero Ignacio Sánchez Mejías, Federico de Onís y León Felipe, entre otros. En este año escribe la mayor parte de su obra dramática *La zapatera prodigiosa*, y una primera versión de *Yerma*, y trabajó, igualmente, en las piezas surrealistas *Así que pasen cinco años* y *El público*. En 1930 partió para La Habana –Cuba- invitado a dar unas charlas, y aquí fue calurosamente recibido por Nicolás Guillén y Emilio Ballagas.

A finales de 1930 concluye su gira por el continente americano y regresa a una España marcada por serias tensiones políticas. En 1932 la República española creó las misiones culturales, en las que Lorca tomaría una parte muy activa. Lorca, junto con Eduardo Ugarte, sería nombrado director de uno de los dos grupos que formaban estas misiones culturales. El grupo de Lorca, conocido como la Barraca, estaba formado por estudiantes universitarios que representaban obras del Siglo de Oro español. En 1934, sin dejar la Barraca, Lorca dedicó mayor tiempo a la labor creativa. En 1933 publicó *Bodas de sangre* y *Amor de Don Perlimplín*. En 1935 completó su obra *Doña Rosita la soltera*, y en 1936 publicó las colecciones de poemas *Diván del Tamarit* y *Sonetos del amor oscuro*, y concluyó la redacción de su última obra dramática: *La casa de Bernarda Alba*. En 1936, al poco tiempo de estallar la guerra civil española, Lorca se trasladó a Granada donde fue asesinado el 19 de agosto. Hay varias hipótesis sobre los móviles y posibles autores del asesinato de Lorca; pero independientemente de aquéllas, Lorca ha pasado a la historia como uno de los mártires de la contienda civil española y como uno de los mejores escritores de la literatura española.

Poesía Con anterioridad a su producción poética y dramática, Lorca publicó en Granada *Impresiones y paisajes* (1918), una obra en prosa en la que el autor resume las impresiones de un viaje que hizo por las regiones de Andalucía, Castilla, León y Galicia. Es una obra inmadura, y poco original, pero importante a la hora de trazar el desarrollo artístico de Lorca. En 1921 Lorca publica su primera obra poética, *Libro de poemas*, obra en la que se percibe la influencia de Ramón del Valle Inclán, Rubén Darío, Juan Ramón Jiménez y Antonio Machado, y que no alcanzó mucho éxito porque en ese momento triunfaban en poesía las ideas vanguardistas. En esta obra Lorca anticipa algunos de los temas que tratará en su futura obra poética y dramática, como el de la esterilidad de la mujer, la oposición entre realismo e idealismo, la preocupación por la vida después de la muerte, y el fracaso del mundo de las pasiones.

Años después, en 1927, Lorca publica *Canciones*, consistente en una colección de poemas escritos entre 1921 y 1924. Influida por el ultraísmo, la obra consta de dos partes bien diferenciadas. En la primera hay una serie de retratos dedicada a Verlaine, Juan Ramón Jiménez y Debussy. Lorca compartía con Verlaine la idea de expresar en su poesía temas de tipo sexual, y en el retrato de Juan R. Jiménez, Lorca le critica el hecho de que siempre tratara de buscar lo inefable. La segunda parte del libro destaca por su carácter irónico, enigmático y juguetón, y por el uso de temas sexuales.

En 1928 publica *Romancero gitano*, y tras el éxito alcanzado Lorca tuvo confianza en que llegaría a ser un gran poeta. Los dieciocho romances de esta colección, algunos con elementos narrativos y otros dramáticos, conforman un retablo andaluz en el que, más allá de los gitanos, el protagonismo lo ocupan Granada, la pasión sexual reprimida o incestuosa y la religión.

Ambas, la pasión sexual y la religión, están concebidas dentro del marco de la represión, lo cual da lugar a una agresión que termina desembocando en la muerte. En cuanto a su visión del mundo de los gitanos, cabe decir que Lorca no tenía un especial interés en ellos como grupo social, pero escogió su vida primitiva porque en este mundo podía incorporar algunos elementos de la naturaleza –la luna, las estrellas- y animales –caballo, toro- y darles una dimensión cósmica. Los romances de Lorca son más bien tradicionales, pero Lorca los enriqueció con la creación original de imágenes y metáforas.

Los poemas que componen su colección *Poema del cante jondo* fueron escritos en la década de 1920, y publicados en 1931. Lorca recibe dos influencias, la de la música popular de Manuel de Falla por un lado, y la de Antonio Machado y Salvador Rueda por otro. La obra está escrita en tercetos y cuartetos, y los temas que predominan son los del amor, el destino y la muerte. Para Lorca, la canción más pura es la que ha sido reducida a la esencia de la profundidad y tristeza españolas. El *Poema del cante jondo* es un canto a la historia y la vida espiritual del pueblo andaluz.

La serie de poemas de que consta *Poeta en Nueva York* suele comenzar con una experiencia concreta que el poeta transforma en abstracta. Esto lo consigue al describir la experiencia real por medio de símbolos sujetos a múltiples interpretaciones. Los poemas de esta colección, influidos por los *Cantos de Maldoror* (1890) de Lautreaumont, se dividen en diez secciones, y en ellos trata el poeta temas como las crisis de la ciudad y de él mismo, y los de la alienación, marginación y frustración del ser humano. Estos problemas encuentran expresión artística a través de una representación de las minorías marginadas, especialmente los negros. La obra, de carácter surrealista, sigue un desarrollo cronológico claro: llegada del poeta a la ciudad, enfrentamiento consigo mismo y con la ciudad, descanso en Vermont, regreso a la ciudad, y viaje de vuelta a su país.

Al regresar de Nueva York, Lorca escribe una colección de poemas titulada *El diván de Tamarit*. Lorca llegó a esta obra a través de la lectura de una antología que contenía un repertorio de poesía árabe escrita en la Andalucía de los años 1050 a 1250. Lorca se identificó con estos poetas árabes, con quienes compartía el mismo sentido de aislamiento y resignación, y uno de los temas que mayor atracción ejerció en él fue el de la angustia y nostalgia ante el recuerdo del ser amado. Es una obra breve, pero rica en complejas imágenes y profunda en su significado. Además de estos poemas, Lorca coleccionó unos cuarenta poemas que tituló *Sonetos del amor oscuro*. En esta obra, Lorca defiende las relaciones masculinas íntimas y remonta sus raíces a un nuevo tipo de Adán.

La última obra poética de Lorca, irónicamente, fue la elegía *Llanto por la muerte de Ignacio Sánchez Megías*. El poema fue escrito poco después de la muerte en el ruedo del torero Ignacio Sánchez, ocurrida en agosto de 1934. Ignacio Sánchez, además de torero, fue un hombre de letras. Tanto es así que llegó a publicar una obra dramática: *Sinrazón* (1928). La estructura del poema sigue la fórmula tradicional de la elegía: dolor en presencia de la muerte, universalidad de la muerte, alabanza del difunto, reflexiones filosóficas sobre la muerte, y la promesa de inmortalizar el nombre del finado. El poema tiene algunos puntos de contacto con la elegía que Jorge Manrique escribió a su padre en el siglo XV, y expresa con gran lirismo la trágica existencia del hombre.

Teatro A partir de la década de los treinta, Lorca se dedicó principalmente al cultivo del teatro, y las influencias más importantes que recibió vinieron del teatro europeo y español. Algunos de los temas que predominan en su teatro son el de la fuerza de los instintos, los impulsos sexuales, el aislamiento del hombre, el honor y la honra, la esterilidad de la mujer, y el misterio de la muerte. Francisco Ruiz Ramón observa que el teatro lorquiano se ve dominado por el enfrentamiento de dos fuerzas antagónicas, por un lado la del principio de autoridad y por otro la de la libertad.

Su primera obra dramática fue *El maleficio de la mariposa* (1920), una pieza en dos actos que trata de una cucaracha que vive cómodamente con su familia hasta que traen una mariposa herida a la casa. La cucaracha, en contra del consejo de sus amigos, sueña con alcanzar el mundo ideal de la mariposa, pero ésta se opone a tal intento. La obra, de tono poético e idealista, fue un fracaso que no desanimó al autor.

La primera obra dramática importante que escribió Lorca fue *Mariana Pineda*. Escrita en verso, trata de una viuda que tiene dos hijos y que está enamorada de Pedro Sotomayor, líder de los rebeldes liberales. Un día, el líder de los conservadores, Pedrosa, visita a Mariana, la acusa de bordar la bandera de los rebeldes y le pide que denuncie a éstos. Al negarse, es encarcelada en un convento y luego enviada a la horca. El tema central de la obra, más que el de la lucha por la libertad, es el del trágico amor de Mariana.

Hacia 1930, Lorca comenzó a experimentar con obras dramáticas que se hacían eco de la corriente surrealista. En 1928 ya había escrito tres obras, un tanto enigmáticas, que llevan por título "El paseo de Buster Keaton", "Quimera" y *Así que pasen cinco años*. Esta última, difícil de representar, consta de tres actos y de un complejo simbolismo. En el primer acto se presenta el conflicto entre el Amor de un joven −personaje central de la obra- y el Tiempo, representado por un viejo. En el segundo acto el joven rechaza a su novia de cinco años, representación de la muerte, y en el último acto hay un juego de cartas que simbólicamente apunta al triunfo del Tiempo y la Muerte sobre el Amor.

En 1930 publica *El público*, de un simbolismo aun mayor que el de la obra anterior. Esta compleja obra dramática tiene por temas principales el amor en sus distintas manifestaciones, la muerte de todo amor que trate de ser vivido hasta sus últimas consecuencias, y el paso del tiempo. La obra principia con un diálogo entre un Director de teatro y su criado, y acto seguido un público viene a ver una representación dramática. En la escena primera se ve el enfrentamiento entre un director y cuatro caballos blancos que se transforma en una discusión entre aquél y tres hombres sobre la naturaleza del teatro. En la escena segunda hay una danza entre la Figura de Pámpanos y la Figura de Cascabeles, y el tema es el del amor cambiante que lleva irremisiblemente a la frustración y la angustia. En la escena tercera Lorca trata de mostrarnos que somos espectadores de un teatro que no esconde nada. Falta la escena cuarta, lo que hace más difícil la comprensión de la quinta. En ésta se ve la muerte de un Desnudo en escena al tiempo que se representa la acción de *Romeo y Julieta* fuera de la escena, y unos estudiantes discuten la relación entre el Desnudo y Romeo y Julieta. El escenario de la escena sexta es similar al de la primera, sugiriendo una estructura circular, el final de un proceso exploratorio tras el cual sólo queda la muerte, representada por la muerte del director.

Lorca escribió, asimismo, tres pantomimas, tituladas *Los títeres de la Cachiporra*, y compuesta de tres piezas: *La niña que riega el albahaca y el príncipe preguntón* (1923), hoy día perdida, *La tragicomedia de don Cristóbal y la seña Rosita* (1937), y *El retablillo de don Cristóbal* (1931). A Lorca, desde niño, le interesaron los espectáculos de marionetas, y se sirvió de ellos para expresar su visión irónica, cómica o de crítica social de la vida. En el prólogo a *El retablillo de don Cristóbal,* un poeta advierte al público que las marionetas usarán expresiones típicas del pueblo. La obra trata del viejo Cristóbal, a quien la madre de Rosita le vende su hija por unos granos de oro. Cuando Rosita y Cristóbal van a consumar el matrimonio, resulta que Cristóbal es impotente y se queda dormido. En el sueño de él ella lo engaña y al despertar ella da a luz a cuatrillizos y él termina dando golpes a todo el mundo. Además de la riqueza de imágenes, Lorca se burla de algunos valores culturales con gran ironía.

De las obras de títeres provienen dos de las obras maestras de Lorca, las farsas de *La zapatera prodigiosa* y *Amor de don perlimplín con Belisa en su jardín. La zapatera prodigiosa* es una farsa cuya primera versión nació en 1926. En 1930 fue

representada en Madrid, y una última versión de la misma se
representó en 1933 en Buenos Aires. La obra comienza con una
introducción del autor, en funciones de personaje, pidiendo
al público que reaccione ante la obra usando su imaginación
poética. La obra trata de la problemática relación matrimonial
de un zapatero de más de cincuenta años con su joven esposa.
Un día el zapatero desaparece y su esposa siente la ausencia de
su esposo. A la taberna que ella ha montado llega toda clase
de hombres, algunos, incluso, con intención de seducirla, y
un día llega un titiritero que cuenta la historia del zapatero y
la zapatera. Acto seguido, los dos se declaran su amor, y él le
revela su identidad de zapatero. La obra concluye con la zapatera
quejándose de su destino. La obra fue influida por *El sombrero
de tres picos*, de Manuel de Falla, quien se inspiró, asimismo, en
un tema tradicional del romancero sobre la mujer infelizmente
casada. La siguiente obra, *Amor de don perlimplín con Belisa
en su jardín*, es una farsa en la que don Perlimplín, un viejo
solterón, es convencido para que se case con Belisa. Perlimplín,
sin embargo, no puede consumar el matrimonio en la noche de
bodas, y cinco sombras —cinco amantes- le ponen los cuernos.
Belisa le confiesa que un joven amante la persigue, y Perlimplín
les arregla a éste y Belisa una cita en el jardín. Aparece el amante
mortalmente herido, pero éste no es otro que don Perlimplín,
quien, en realidad, ha soñado toda la relación de infidelidad
entre los amantes.

Una de sus obras más destacadas es *Doña Rosita la soltera*,
nacida, en parte, de una historia que el poeta Moreno Villa le
contó a Lorca sobre una *rosa mutabile* que es roja en la mañana,
blanca en la tarde, y en la noche pierde sus pétalos. Partiendo
de estas tres fases de la rosa, Lorca organiza los tres actos de su
obra en torno a las tres etapas de la vida de doña Rosita: 1885,
1900, y 1911. La obra trata de Rosita, una joven huérfana que
vive con sus tíos y está enamorada de su primo. De pronto,
éste decide ir a Sudamérica donde su padre lo requiere. En el
segundo acto, quince años después, y con una Granada que
comienza a industrializarse, Rosita principia a ser motivo de

preocupación para la familia. Finalmente, llega una carta de América en la que el primo le sugiere la idea del matrimonio y un regreso próximo. En el tercer acto, el tío ya ha muerto, y en una nueva carta el primo le confiesa que ya lleva casado ocho años. Al final, doña Rosita trata de lidiar con su soledad y sufrimiento. Doña Rosita simboliza la mujer frustrada, la soledad, y la pérdida de juventud. Parece ser que, de todos los personajes de su obra dramática, Lorca sintió una predilección especial por el de doña Rosita.

Bodas de sangre, junto con las dos obras que comentaré a continuación, pertenece a lo que la crítica llama la trilogía rural, y constituyen sus tres obras maestras. Considerada por algunos críticos como su mejor obra, *Bodas de sangre* se representó en Madrid por primera vez en 1933. La acción de la obra tiene lugar en un pueblo andaluz, y trata de una madre que no ve con muy buenos ojos que su hijo se case con una mujer que, tiempo atrás, estuvo enamorada de Leonardo, miembro este último de la familia Félix, culpable de la muerte de algunos familiares del novio. En el segundo acto tiene lugar la boda, la fiesta consiguiente y la huida de la novia con Leonardo. En el tercer acto se produce la persecución de los amantes por el novio, la lucha de éste con Leonardo, la muerte de ambos, y la soledad de la novia y la madre del novio. El tema central de esta obra es el de la fuerza irreprimible de unos sentidos que llevan, eventualmente, a la tragedia y a la muerte. Es importante destacar el papel de la madre del novio, una mujer dominante y controladora que reaparecerá en *La casa de Bernarda Alba*.

Yerma, la segunda obra de la trilogía rural, se representó por primera vez en Madrid en 1934. La obra trata de una mujer, Yerma, que como el nombre indica es estéril. Yerma está casada con un campesino, Juan, a quien le preocupa más el campo que la paternidad. Un día Yerma conoce a Víctor, y con él sí cree que puede satisfacer sus deseos de maternidad. En el acto segundo aparece un coro de mujeres lavanderas que cantan la infertilidad de Yerma. Juan, por otro lado, trae a sus hermanas a la casa para que vigilen a Yerma; y Víctor se

xvi   Lorca: *La casa de Bernarda Alba*

despide de ésta. En el acto tercero Yerma sigue ansiando un hijo y manteniéndose fiel a su esposo, pero cuando éste rehúsa darle un hijo, Yerma lo mata. La obra plantea principalmente dos temas: el del instinto de la maternidad y el del honor, y aunque Yerma sacrifica inicialmente aquel deseo por honor a su esposo, al final no puede sufrir más este sacrificio y decide matarlo.

La casa de Bernarda Alba

Dos meses antes de su muerte, Lorca leyó el manuscrito de *La casa de Bernarda Alba* a un grupo de amigos. A pesar de ello, la obra no se representó por primera vez hasta 1945, y el escenario de su estreno fue Buenos Aires. Según algunos críticos, Lorca tomó el argumento de la obra de un episodio real ocurrido en un pueblo andaluz. Lorca, por su parte, hizo la siguiente observación con respecto a esta obra: "el poeta advierte que estos tres actos tienen la intención de un documento fotográfico". A pesar del realismo de la obra, y la posible influencia de un hecho trágico local, la crítica ha considerado que la figura de la madre tiránica, Bernarda Alba, tiene por antecedentes al viejo Carrizales de "El celoso extremeño" (1613), de Cervantes, y a doña Perfecta, protagonista de la novela *Doña Perfecta* (1876), de Benito Pérez Galdós. Asimismo, se ha apuntado la influencia de los dramas de honor de Pedro Calderón de la Barca, especialmente *El médico de su honra*, donde don Gutierre Solís mantiene apartada del mundo, en una casa de campo, a su joven esposa Mencía. Uno de los puntos de contacto de todas estas obras es el de la rebelión de las jóvenes protagonistas contra el poder patriarcal.

La obra comienza con la celebración de los funerales de Antonio María Benavides, segundo esposo de Bernarda Alba. Concluidos aquéllos, Bernarda aparece desplegando una actitud inflexible y dictatorial, al tiempo que impone a sus hijas un luto de ocho años que éstas no están dispuestas a seguir. En el segundo acto se dramatiza el compromiso matrimonial de Angustias, la hija mayor de Bernarda, con Pepe el Romano. El conflicto dramático se produce cuando Pepe el Romano empieza a verse con Adela, la menor de las hermanas. La Poncia, la criada de más antigüedad en la casa de Bernarda, descubre esta relación clandestina entre los dos amantes, y le advierte a su jefa que pronto ocurrirá algo muy grave en la casa. En el tercer acto se produce el enfretamiento de Adela con su madre, y cuando ésta ve su poder amenazado dispara contra Pepe el Romano. Aunque éste logra escapar, Adela cree que lo ha matado y se suicida. La obra concluye con una Bernarda imponiendo orden y dejando constancia de su poder y autoridad.

La casa de Bernarda Alba es una tragedia sobre el drama de la mujer reprimida y oprimida por un sistema patriarcal, o falocéntrico, cuyas normas son ejecutadas implacablemente por una mujer: Bernarda Alba. Los personajes principales de la obra son nueve mujeres: María Josefa, su hija Bernarda, las cinco hijas de ésta, La Poncia, y otra criada de menor rango que ésta. Bernarda, la protagonista, es la madre que trata de mantener el honor de la familia, se opone a los impulsos vitales de sus hijas, no cree que nadie en su pueblo las merezca, y gobierna con mano de hierro. Intransigente y egocéntrica, Bernarda es una mujer ciega a las repercusiones que acarrea un sistema basado en la represión y privación de las necesidades básicas de sus hijas. Aunque todas las hijas de Bernarda desdeñan su autoridad, la hija que se rebela abiertamente contra este poder es Adela. Adela desafía el poder de su madre al verse como amante con Pepe el Romano y al tratar de romper el compromiso matrimonial de éste con Angustias. Este desafío a la autoridad patriarcal no puede deparar otro resultado que la tragedia, y así es como concluye la obra. Ante la imposibilidad de vencer a este sistema patriarcal, la muerte para Adela se convierte en la única forma de alcanzar la libertad. De igual modo a Adela, la madre de Bernarda, María Josefa, sólo podrá alcanzar la libertad si escoge un tipo de vida o refugio, la locura, que se aparta de una realidad opresiva, asfixiante e insoslayable. Las hijas de Bernarda, por otra parte, viven rodeadas de cuadros que las invitan a huir de la realidad cotidiana, y Bernarda les impone tareas, como coser y bordar, para que pasen el tiempo y escapen de las preocupaciones y deseos pertinentes a su condición femenina. En este espacio cerrado de la casa, las hijas de Bernarda se envidian unas a otras, se espían, se odian, y ante la presencia de Pepe el Romano dejan de ser hermanas para convertirse en feroces competidoras sin que les importen sus vínculos de sangre.

La casa, cerrada a los hombres, aparece como una matriz estéril, y las hijas ven a los segadores que vienen a segar la mies de los campos como la semilla fertilizante que podría redimirlas de esa soledad y estado de represión en que viven. No obstante lo cual, el único que logra traspasar o romper este espacio cerrado es Pepe el Romano, y sus consecuencias, como ya quedó mencionado anteriormente, son trágicas y no dan como resultado la liberación de la mujer. En este mundo cerrado, y asfixiante como el calor infernal en que se debaten los personajes de la obra, aparece María Josefa, verdadera metáfora, junto con el caballo encerrado en el establo, de los deseos reprimidos que experimentan las hijas de Bernarda. María Josefa oficia como la conciencia de sus nietas, y a través de ella el lector/espectador puede percibir los dos deseos que experimentan aquéllas: el de maternidad, dramatizado por medio de la ovejita que lleva la abuela, y el de libertad, representado por el mar al que quiere dirigirse ésta.

Entre el mundo cerrado de las hijas de Bernarda y el mundo abierto de los hombres hay un espacio fronterizo en el que se mueven las criadas de Bernarda. Las criadas, especialmente La Poncia, sirven de mensajeras entre los dos mundos, y al mismo tiempo nos revelan un profundo conocimiento de Bernarda. Antes de que aparezcan en escena, las criadas ya nos describen a la protagonista de la obra como un ser tiránico que se vanagloría de su riqueza, una riqueza que le viene principalmente de su primer marido. La Poncia, además, es una mujer inteligente y astuta que sabe hasta qué punto puede retar o desafiar a Bernarda. A diferencia de su superiora, La Poncia tiene abiertos los ojos a los acontecimientos que se van desarrollando en la casa, y en alguna ocasión le advierte a su superiora del inminente peligro que se cierne sobre la casa. En *La casa de Bernarda Alba*, una de las obras cumbres de la dramaturgia lorquiana, el lector/espectador puede ver cómo un conflicto local adquiere dimensiones universales. Aunque es posible que Lorca se sirviera de un incidente local para la escritura de esta obra, es indudable que el dramaturgo andaluz ha sabido universalizar con gran maestría el drama de la mujer oprimida por el sistema patriarcal.

La casa de Bernarda Alba

Drama de mujeres en los pueblos de España

Personajes

BERNARDA	(60 años)
MARÍA JOSEFA	(madre de Bernarda, 80 años)
ANGUSTIAS	(hija de Bernarda, 39 años)
MAGDALENA	(hija de Bernarda, 30 años)
AMELIA	(hija de Bernarda, 27 años)
MARTIRIO	(hija de Bernarda, 24 años)
ADELA	(hija de Bernarda, 20 años)
LA PONCIA	(criada, 60 años)
CRIADA	(50 años)
PRUDENCIA	(50 años)
MENDIGA	
MUJER 1	
MUJER 2	
MUJER 3	
MUJER 4	
MUCHACHA	
MUJERES DE LUTO	

El poeta advierte que estos tres actos tienen la intención de un documental fotográfico

Acto primero

*Habitación blanquísima del interior de la casa de Bernarda.
Muros° gruesos. Puertas con cortinas de yute° rematadas con
madroños y volantes.° Sillas de anea.° Cuadros con paisajes
inverosímiles de ninfas o reyes de leyenda. Es verano. Un gran
silencio umbroso° se extiende por la escena. Al levantarse el
telón está la escena sola. Se oyen doblar° las campanas. Sale la*
CRIADA

CRIADA	Ya tengo el doble de esas campanas metido entre las sienes.°
LA PONCIA	*(Sale comiendo chorizo° y pan.)* Llevan ya más de dos horas de gori-gori.° Han venido curas de todos los pueblos. La iglesia está hermosa. En el primer responso° se desmayó la Magdalena.
CRIADA	Es la que se queda más sola.
LA PONCIA	Era la única que quería al padre. ¡Ay! ¡Gracias a Dios que estamos solas un poquito! Yo he venido a comer.
CRIADA	¡Si te viera Bernarda!…
LA PONCIA	¡Quisiera que ahora, como no come ella, que todas nos muriéramos de hambre! ¡Mandona! ¡Dominanta!° ¡Pero se fastidia!° Le he abierto

---

Muros: paredes
Yute: fibra textil
Rematadas con madroños y
  volantes: adornadas con un
  tipo de arbusto y tela doblada
  en pliegues
Anea: planta con la que se hace
  el asiento de la silla
Umbroso: sombrío
Doblar: tocar
Sien: parte lateral de la frente

Chorizo: tipo de salchicha
  española
Gori-gori: canto funebre de los
  funerales
Responso: oración que se hace
  por los difuntos o muertos
¡Mandona! ¡Dominanta!: tirana,
  autoritaria
¡Pero se fastidia!: exclamación
  que indica desprecio hacia una
  persona

la orza° de los chorizos.

CRIADA   (*Con tristeza, ansiosa.*) ¿Por qué no me das
para mi niña, Poncia?

LA PONCIA   Entra y llévate también un puñado° de
garbanzos. ¡Hoy no se dará cuenta!

VOZ   (*Dentro.*) ¡Bernarda!

LA PONCIA   La vieja. ¿Está bien cerrada?

CRIADA   Con dos vueltas de llave.

LA PONCIA   Pero debes poner también la tranca.° Tiene
unos dedos como cinco ganzúas.°

VOZ   ¡Bernarda!

LA PONCIA   (*A voces.*) ¡Ya viene! (*A la* CRIADA.) Limpia
bien todo. Si Bernarda no ve relucientes° las
cosas me arrancará los pocos pelos que me
quedan.

CRIADA   ¡Qué mujer!

LA PONCIA   Tirana de todos los que la rodean. Es capaz
de sentarse encima de tu corazón y ver cómo
te mueres durante un año sin que se le cierre
esa sonrisa fría que lleva en su maldita cara.
¡Limpia, limpia ese vidriado!

CRIADA   Sangre en las manos tengo de fregarlo° todo.

LA PONCIA   Ella, la más aseada;° ella la más decente; ella
la más alta. ¡Buen descanso ganó su pobre
marido!

(*Cesan las campanas.*)

CRIADA   ¿Han venido todos sus parientes?

LA PONCIA   Los de ella. La gente de él la odia. Vinieron a
verlo muerto y le hicieron la cruz.

Orza: tipo de olla
Un puñado: algunos
Tranca: palo que se coloca detrás
de la puerta para mantenerla
bien cerrada

Ganzúas: alambres o varillas de
metal
Relucientes: brillantes
Fregarlo: limpiarlo
Aseada: limpia

CRIADA	¿Hay bastantes sillas?
LA PONCIA	Sobran. Que se sienten en el suelo. Desde que murió el padre de Bernarda no han vuelto a entrar las gentes bajo estos techos. Ella no quiere que la vean en su dominio. ¡Maldita sea!
CRIADA	Contigo se portó bien.
LA PONCIA	Treinta años lavando sus sábanas; treinta años comiendo sus sobras; noches en vela cuando tose; días enteros mirando por la rendija° para espiar a los vecinos y llevarle el cuento; vida sin secretos una con otra, y sin embargo, ¡maldita sea! ¡Mal dolor de clavo le pinche en los ojos!°
CRIADA	¡Mujer!
LA PONCIA	Pero yo soy buena perra; ladro cuando me lo dicen y muerdo los talones° de los que piden limosna cuando ella me azuza;° mis hijos trabajan en sus tierras y ya están los dos casados, pero un día me hartaré.°
CRIADA	Y ese día…
LA PONCIA	Ese día me encerraré con ella en un cuarto y le estaré escupiendo un año entero. "Bernarda, por esto, por aquello, por lo otro", hasta ponerla como un lagarto machacado° por los niños, que es lo que es ella y toda su parentela.° Claro es que no le envidio la vida. La quedan° cinco mujeres, cinco hijas feas,

---

Rendija: grieta, abertura
¡Mal dolor de clavo le pinche
  en los ojos!: exclamación que
  indica desprecio hacia una
  persona
Talones: parte trasera del pie
Azuza: incita o anima a hacer
algo
Hartaré: cansaré
Machacado: aplastado, destruido
Parentela: parientes
La quedan: ejemplo de laísmo.
  Normalmente se usaría el
  pronombre "le"

que quitando Angustias, la mayor, que es la
hija del primer marido y tiene dineros, las
demás, mucha puntilla° bordada, muchas
camisas de hilo, pero pan y uvas por toda
herencia.

CRIADA	¡Ya quisiera tener yo lo que ellas!
LA PONCIA	Nosotras tenemos nuestras manos y un hoyo° en la tierra de la verdad.
CRIADA	Esa es la única tierra que nos dejan a las que no tenemos nada.
LA PONCIA	(*En la alacena.*) Este cristal tiene unas motas.°
CRIADA	Ni con jabón ni con bayeta° se le quitan.

(*Suenan las campanas.*)

LA PONCIA	El último responso. Me voy a oírlo. A mí me gusta mucho cómo canta el párroco. En el "Pater Noster"° subió, subió la voz que parecía un cántaro° de agua llenándose poco a poco; claro es que al final dio un gallo;° pero da gloria° oírlo. Ahora que nadie como el antiguo sacristán Tronchapinos. En la misa de mi madre, que esté en gloria, cantó. Retumbaban° las paredes, y cuando decía Amén era como si un lobo hubiese entrado en la iglesia. (*Imitándolo.*) ¡Améé-én! (*Se echa a toser.*)
CRIADA	Te vas a hacer el gaznate polvo.°
LA PONCIA	¡Otra cosa hacía polvo yo! (*Sale riendo.*)

(*La* CRIADA *limpia. Suenan las campanas.*)

Puntilla: vestidos con adornos
  cosidos a mano
Hoyo: agujero, tumba
Motas: manchas de polvo
Bayeta: tipo de tela usado para
  limpiar
"Pater Noster": oración del
  "Padre Nuestro"

Cántaro: recipiente para el agua
Dio un gallo: nota falsa que se
  da al cantar y suena mal
Da gloria: da mucha satisfacción
Retumbaban: resonaban
Te vas a hacer el gaznate polvo:
  te vas a destruir la garganta

CRIADA	*(Llevando el canto.)* Tin, tin, tan. Tin, tin, tan. ¡Dios lo haya perdonado!
MENDIGA	*(Con una niña.)* ¡Alabado sea Dios!
CRIADA	Tin, tin, tan. ¡Que nos espere muchos años! Tin, tin, tan.
MENDIGA	*(Fuerte y con cierta irritación.)* ¡Alabado sea Dios!
CRIADA	*(Irritada.)* ¡Por siempre!
MENDIGA	Vengo por las sobras.

(Cesan las campanas.)

CRIADA	Por la puerta se va a la calle. Las sobras de hoy son para mí.
MENDIGA	Mujer, tú tienes quien te gane. ¡Mi niña y yo estamos solas!
CRIADA	También están solos los perros y viven.
MENDIGA	Siempre me las dan.
CRIADA	Fuera de aquí. ¿Quién os dijo que entraseis? Ya me habéis dejado los pies señalados.° *(Se van. Limpia.)* Suelos barnizados con aceite, alacenas,° pedestales, camas de acero,° para que traguemos° quina las que vivimos en las chozas° de tierra con un plato y una cuchara. Ojalá que un día no quedáramos ni uno para contarlo. *(Vuelven a sonar las campanas.)* Sí, sí, ¡vengan clamores! ¡Venga caja con filos° dorados y toalla para llevarla! ¡Que lo mismo estarás tú que estaré yo! Fastídiate, Antonio

[Handwritten annotations: "Get out of here" beside "Fuera de aquí"; "footprints" above "señalados"; "Rot" below "Antonio"]

Ya me habéis...señalados: se refiere a las manchas o huellas que ha dejado la mendiga en el piso o suelo que está limpiando la criada

Alacena: pequeño armario que se coloca en la cocina para guardar comida o utensilios

para cocinar

Acero: tipo de metal

Traguemos quina: Bebamos quina, un tipo de medicamento

Chozas: viviendas muy pobres

Filos: bordes

María Benavides, tieso° con tu traje de paño
y tus botas enterizas.° ¡Fastídiate! ¡Ya no
volverás a levantarme las enaguas° detrás de
la puerta de tu corral! *(Por el fondo, de dos en
dos, empiezan a entrar* MUJERES DE LUTO,°
*con pañuelos grandes, faldas y abanicos negros.
Entran lentamente hasta llenar la escena. La*
CRIADA, *rompiendo° a gritar.)* ¡Ay Antonio
María Benavides, que ya no verás estas paredes
ni comerás el pan de esta casa! Yo fui la que
más te quiso de las que te sirvieron. *(Tirándose
del cabello.)* ¿Y he de vivir yo después de
haberte marchado? ¿Y he de vivir?

(Terminan de entrar las doscientas MUJERES *y aparece*
BERNARDA *y sus cinco* HIJAS.*)*

BERNARDA	*(A la* CRIADA.*)* ¡Silencio!
CRIADA	*(Llorando.)* ¡Bernarda!
BERNARDA	Menos gritos y más obras. Debías haber procurado° que todo esto estuviera más limpio para recibir al duelo.° Vete. No es este tu lugar. *(La* CRIADA *se va llorando.)* Los pobres son como los animales; parece como si estuvieran hechos de otras sustancias.
MUJER 1	Los pobres sienten también sus penas.
BERNARDA	Pero las olvidan delante de un plato de garbanzos.
MUCHACHA	*(Con timidez.)* Comer es necesario para vivir.
BERNARDA	A tu edad no se habla delante de las personas mayores.

Tieso: rígido
Enterizas: hechas de un solo
  pedazo
Enaguas: prenda interior que se
  lleva debajo de la falda

De luto: vestidas de negro
Rompiendo: empezando
Procurado: intentado
Duelo: grupo de personas que
  van a despedir al muerto

MUJER 1	Niña, cállate.
BERNARDA	No he dejado que nadie me dé lecciones. Sentarse. *(Se sientan. Pausa. Fuerte.)* Magdalena, no llores; si quieres llorar te metes debajo de la cama. ¿Me has oído?
MUJER 2	*(A* BERNARDA.*)* ¿Habéis empezado los trabajos en la era?°
BERNARDA	Ayer.
MUJER 3	Cae el sol como plomo.
MUJER 1	Hace años no he conocido calor igual.

(Pausa. Se abanican° todas.)

BERNARDA	¿Está hecha la limonada?
LA PONCIA	Sí, Bernarda. *(Sale con una gran bandeja llena de jarritas blancas, que distribuye.)*
BERNARDA	Dale a los hombres.
LA PONCIA	Ya están tomando en el patio.
BERNARDA	Que salgan por donde han entrado. No quiero que pasen por aquí.
MUCHACHA	*(A* ANGUSTIAS.*)* Pepe el Romano estaba con los hombres del duelo.
ANGUSTIAS	Allí estaba.
BERNARDA	Estaba su madre. Ella ha visto a su madre. A Pepe no lo ha visto ella ni yo.
MUCHACHA	Me pareció…
BERNARDA	Quien sí estaba era el viudo de Darajalí. Muy cerca de tu tía. A ese lo vimos todas.
MUJER 2	*(Aparte, en voz baja.)* ¡Mala, más que mala!
MUJER 3	*(Lo mismo.)* ¡Lengua de cuchillo!
BERNARDA	Las mujeres en la iglesia no deben de mirar más hombre que al oficiante,° y ese porque

---

Era: lugar donde se hacen los trabajos de trillar y limpiar cereales como el trigo o la cebada

Se abanican: se dan aire con un abanico

Oficiante: cura

	tiene faldas. Volver la cabeza es buscar el calor de la pana.°
MUJER 1	*(En voz baja.)* ¡Vieja lagarta recocida!°
LA PONCIA	*(Entre dientes.)* ¡Sarmentosa por calentura de varón!°
BERNARDA	¡Alabado sea Dios!
TODAS	*(Santiguándose.)* Sea por siempre bendito y alabado.
BERNARDA	¡Descansa en paz con la santa compaña° de cabecera!
TODAS	¡Descansa en paz!
BERNARDA	Con el ángel San Miguel y su espada justiciera.
TODAS	¡Descansa en paz!
BERNARDA	Con la llave que todo lo abre y la mano que todo lo cierra.
TODAS	¡Descansa en paz!
BERNARDA	Con los bienaventurados y las lucecitas del campo.
TODAS	¡Descansa en paz!
BERNARDA	Con nuestra santa caridad y las almas de tierra y mar.
TODAS	¡Descansa en paz!
BERNARDA	Concede el reposo° a tu siervo Antonio María Benavides y dale la corona de tu santa gloria.
TODAS	Amén.
BERNARDA	*(Se pone en pie y canta.)* "Requiem aeternam dona eis Domine."°

Buscar el calor de la pana:
   mostrar deseos hacia alguien
¡Vieja lagarta recocida!: insulto
¡Sarmentosa por calentura de
   varón!: insulto
Santa compaña: se refiere a
   un grupo de personas que

acompañaban a las almas en
   pena.
Reposo: descanso.
Requiem aeternam dona eis
   Domine: latín, significa
   "Señor, dales descanso eterno"

Todas	*(De pie y cantando al modo gregoriano.)* "Et lux perpetua luceat eis."° *(Se santiguan.°)*
Mujer 1	Salud para rogar por su alma.° *(Van desfilando.°)*
Mujer 3	No te faltará la hogaza de pan° caliente.
Mujer 2	Ni el techo° para tus hijas. *(Van desfilando todas por delante de* Bernarda *y saliendo.)*

(Sale Angustias *por otra puerta que da al patio.)*

Mujer 4	El mismo trigo de tu casamiento lo sigas disfrutando.
La Poncia	*(Entrando con una bolsa.)* De parte de los hombres esta bolsa de dineros para responsos.
Bernarda	Dales las gracias y échales una copa de aguardiente.
Muchacha	*(A* Magdalena.*)* Magdalena…
Bernarda	*(A* Magdalena, *que inicia el llanto.)* Chiss. *(Salen todas. A las que se han ido.)* ¡Andar a vuestras casas a criticar todo lo que habéis visto! ¡Ojalá tardéis muchos años en pasar el arco de mi puerta!
La Poncia	No tendrás queja ninguna. Ha venido todo el pueblo.
Bernarda	Sí; para llenar mi casa con el sudor de sus refajos° y el veneno de sus lenguas.
Amelia	¡Madre, no hable usted así!
Bernarda	Es así como se tiene que hablar en este maldito pueblo sin río, pueblo de pozos, donde siempre se bebe el agua con el miedo de que esté envenenada.

Et lux perpetua luceat eis: latín,
   significa "y la luz perpetua
   brille para ellos"
Se santiguan: se hacen la señal
   de la cruz
Desfilando: pasando en fila

Hogaza de pan: pan grande
Techo: casa
Refajos: falda gruesa de abrigo
   que se usa como prenda
   interior

LA PONCIA	¡Cómo han puesto la solería!°
BERNARDA	Igual que si hubiese pasado por ella una manada° de cabras. (LA PONCIA *limpia el suelo.*) Niña, dame el abanico.
ADELA	Tome usted. *(Le da un abanico redondo con flores rojas y verdes.)*
BERNARDA	*(Arrojando el abanico al suelo.)* ¿Es este el abanico que se da a una viuda? Dame uno negro y aprende a respetar el luto de tu padre.
MARTIRIO	Tome usted el mío.
BERNARDA	¿Y tú?
MARTIRIO	Yo no tengo calor.
BERNARDA	Pues busca otro, que te hará falta. En ocho años que dure el luto no ha de entrar en esta casa el viento de la calle. Hacemos cuenta que hemos tapiado° con ladrillos puertas y ventanas. Así pasó en casa de mi padre y en casa de mi abuelo. Mientras, podéis empezar a bordar° el ajuar.° En el arca tengo veinte piezas de hilo con el que podréis cortar sábanas y embozos°. Magdalena puede bordarlas.
MAGDALENA	Lo mismo me da.°
ADELA	*(Agria.)* Si no quieres bordarlas, irán sin bordados. Así las tuyas lucirán más.°
MAGDALENA	Ni las mías ni las vuestras. Sé que yo no me voy a casar. Prefiero llevar sacos al molino.

Solería: piso o suelo del patio

Manada: grupo numeroso de animales

Tapiado: cubierto

Bordar: forma artística de coser

Ajuar: conjunto de ropa

Embozos: prenda de vestir con la que se cubre el rostro.

Asimismo, puede referirse a la parte de la sábana que está encima y que se dobla hacia afuera.

Lo mismo me da: no tengo ningún interés en hacerlo

Lucirán más: se verán mejor

	Todo menos estar sentada días y días dentro de esta sala oscura.
BERNARDA	Esto tiene ser mujer.
MAGDALENA	Malditas sean las mujeres.
BERNARDA	Aquí se hace lo que yo mando. Ya no puedes° ir con el cuento a tu padre. Hilo y aguja para las hembras. Látigo y mula para el varón. Eso tiene la gente que nace con posibles.°

(Sale ADELA.*)*

VOZ	¡Bernarda! ¡Déjame salir!
BERNARDA	*(En voz alta.)* ¡Dejadla ya!

(Sale la CRIADA.*)*

CRIADA	Me ha costado mucho sujetarla.° A pesar de sus ochenta años, tu madre es fuerte como un roble.
BERNARDA	Tiene a quien parecerse. Mi abuelo fue igual.
CRIADA	Tuve durante el duelo que taparle varias veces la boca con un costal° vacío porque quería llamarte para que le dieras agua de fregar siquiera para beber, y carne de perro, que es lo que ella dice que tú le das.
MARTIRIO	¡Tiene mala intención!
BERNARDA	*(A la* CRIADA.*)* Dejadla que se desahogue° en el patio.
CRIADA	Ha sacado del cofre sus anillos y los pendientes de amatista; se los ha puesto, y me ha dicho que se quiere casar.

(Las HIJAS *ríen.)*

Ya no puedes… a tu padre: ya
  no puedes buscar apoyo en tu
  padre
Con posibles: con dinero

Sujetarla: controlarla
Costal: saco
Desahogue: relaje, calme

BERNARDA	Ve con ella y ten cuidado que no se acerque al pozo.
CRIADA	No tengas miedo que se tire.
BERNARDA	No es por eso...Pero desde aquel sitio las vecinas pueden verla desde su ventana.

(Sale la CRIADA.*)*

MARTIRIO	Nos vamos a cambiar de ropa.
BERNARDA	Sí, pero no el pañuelo de la cabeza.

(Entra ADELA.*)*

	¿Y Angustias?
ADELA	*(Con intención.)* La he visto asomada a las rendijas del portón.° Los hombres se acaban de ir.
BERNARDA	¿Y tú a qué fuiste también al portón?
ADELA	Me llegué a ver si habían puesto° las gallinas.
BERNARDA	¡Pero el duelo de los hombres habría salido ya!
ADELA	*(Con intención.)* Todavía estaba un grupo parado por fuera.
BERNARDA	*(Furiosa.)* ¡Angustias! ¡Angustias!
ANGUSTIAS	*(Entrando.)* ¿Qué manda usted?
BERNARDA	¿Qué mirabas y a quién?
ANGUSTIAS	A nadie.
BERNARDA	¿Es decente que una mujer de tu clase vaya con el anzuelo detrás de un hombre° el día de la misa de su padre? ¡Contesta! ¿A quién mirabas?

(Pausa.)

ANGUSTIAS	Yo...
BERNARDA	¡Tú!

Asomada... portón: mirando
  por las aberturas de la puerta
  grande
Si habían puesto: si habían

puesto huevos
Con el anzuelo...hombre:
  tratando de atraer a un
  hombre

ANGUSTIAS   ¡A nadie!

BERNARDA   *(Avanzando y golpeándola.)* ¡Suave!
             ¡Dulzarrona!

LA PONCIA   *(Corriendo.)* ¡Bernarda, cálmate! *(La sujeta.)*

(ANGUSTIAS *llora.*)

BERNARDA   ¡Fuera de aquí todas! *(Salen.)*

LA PONCIA   Ella lo ha hecho sin dar alcance° a lo que
             hacía, que está francamente mal. Ya me
             chocó a mí verla escabullirse° hacia el patio.
             Luego estuvo detrás de una ventana oyendo
             la conversación que traían los hombres, que,
             como siempre, no se puede oír.

BERNARDA   A eso vienen a los duelos. *(Con curiosidad.)*
             ¿De qué hablaban?

LA PONCIA   Hablaban de Paca la Roseta. Anoche ataron a
             su marido a un pesebre° y a ella se la llevaron
             en la grupa° del caballo hasta lo alto del
             olivar.°

BERNARDA   ¿Y ella?

LA PONCIA   Ella, tan conforme. Dicen que iba con los
             pechos fuera y Maximiliano la llevaba cogida
             como si tocara la guitarra. ¡Un horror!

BERNARDA   ¿Y qué pasó?

LA PONCIA   Lo que tenía que pasar. Volvieron casi de día.
             Paca la Roseta traía el pelo suelto y una corona
             de flores en la cabeza.

BERNARDA   Es la única mujer mala que tenemos en el
             pueblo.

LA PONCIA   Porque no es de aquí. Es de muy lejos. Y
             los que fueron con ella son también hijos

Sin dar alcance: sin pensar en
Escabullirse: salir sin que los
  demás se den cuenta
Pesebre: cajón donde se da de

comer a los animales
Grupa: parte trasera del lomo
  del caballo
Olivar: campo de olivos

	de forasteros. Los hombres de aquí no son capaces de eso.
BERNARDA	No; pero les gusta verlo y comentarlo y se chupan los dedos de que esto ocurra.
LA PONCIA	Contaban muchas cosas más.
BERNARDA	*(Mirando a un lado y otro con cierto temor.)* ¿Cuáles?
LA PONCIA	Me da vergüenza referirlas.
BERNARDA	¿Y mi hija las oyó?
LA PONCIA	¡Claro!
BERNARDA	Esa sale a° sus tías; blandas y untuosas° y que ponían los ojos de carnero° al piropo de cualquier barberillo.° ¡Cuánto hay que sufrir y luchar para hacer que las personas sean decentes y no tiren al monte° demasiado!
LA PONCIA	¡Es que tus hijas están ya en edad de merecer!° Demasiado poca guerra° te dan. Angustias ya debe tener mucho más de los treinta.
BERNARDA	Treinta y nueve justos.
LA PONCIA	Figúrate. Y no ha tenido nunca novio…
BERNARDA	*(Furiosa.)* ¡No ha tenido novio ninguna ni les hace falta!° Pueden pasarse muy bien.
LA PONCIA	No he querido ofenderte.
BERNARDA	No hay en cien leguas a la redonda quien se pueda acercar a ellas. Los hombres de aquí no son de su clase. ¿Es que quieres que las entregue a cualquier gañán?°
LA PONCIA	Debías haberte ido a otro pueblo.

Sale a: se parece a	Están ya en… merecer: ya son
Untuosas: pegajosas	mayores, ya son mujeres
Ojos de carnero: ojos con	Poca guerra: pocos problemas
expresión triste	Ni les hace falta: ni lo necesitan
Barberillo: hombre	Gañán: hombre fuerte y con
No tiren al monte: no hagan lo	poca educación
que no deben	

BERNARDA	Eso. ¡A venderlas!
LA PONCIA	No, Bernarda, a cambiar…Claro que en otros sitios ellas resultan las pobres.
BERNARDA	¡Calla esa lengua atormentadora!
LA PONCIA	Contigo no se puede hablar. ¿Tenemos o no tenemos confianza?
BERNARDA	No tenemos. Me sirves y te pago. ¡Nada más!
CRIADA	*(Entrando.)* Ahí está don Arturo, que viene a arreglar las particiones.
BERNARDA	Vamos. *(A la* CRIADA.*)* Tú empieza a blanquear el patio. *(A* LA PONCIA.*)* Y tú ve guardando en el arca grande toda la ropa del muerto.
LA PONCIA	Algunas cosas las podíamos dar.
BERNARDA	Nada, ¡ni un botón! Ni el pañuelo con que le hemos tapado la cara. *(Sale lentamente y al salir vuelve la cabeza y mira a sus* CRIADAS.*)*

(Las CRIADAS *salen después. Entran* AMELIA *y* MARTIRIO.*)*

AMELIA	¿Has tomado la medicina?
MARTIRIO	¡Para lo que me va a servir!
AMELIA	Pero la has tomado.
MARTIRIO	Yo hago las cosas sin fe, pero como un reloj.
AMELIA	Desde que vino el médico nuevo estás más animada.
MARTIRIO	Yo me siento lo mismo.
AMELIA	¿Te fijaste?° Adelaida no estuvo en el duelo.
MARTIRIO	Ya lo sabía. Su novio no la deja salir ni al tranco de la calle.° Antes era alegre; ahora ni polvos se echa en la cara.
AMELIA	Ya no sabe una si es mejor tener novio o no.
MARTIRIO	Es lo mismo.

¿Te fijaste?: ¿te diste cuenta?   no la deja pisar la calle
No la deja… tranco de la calle:

AMELIA	De todo tiene la culpa esta crítica que no nos deja vivir. Adelaida habrá pasado mal rato.
MARTIRIO	Le tiene miedo a nuestra madre. Es la única que conoce la historia de su padre y el origen de sus tierras. Siempre que viene le tira puñaladas en el asunto.° Su padre mató en Cuba al marido de su primera mujer para casarse con ella. Luego aquí la abandonó y se fue con otra que tenía una hija y luego tuvo relaciones con esta muchacha, la madre de Adelaida, y se casó con ella después de haber muerto loca la segunda mujer.
AMELIA	Y ese infame, ¿por qué no está en la cárcel?
MARTIRIO	Porque los hombres se tapan° unos a otros las cosas de esta índole y nadie es capaz de delatar.
AMELIA	Pero Adelaida no tiene culpa de esto.
MARTIRIO	No. Pero las cosas se repiten. Y veo que todo es una terrible repetición. Y ella tiene el mismo sino de su madre y de su abuela, mujeres las dos del que la engendró.
AMELIA	¡Qué cosa más grande!
MARTIRIO	Es preferible no ver a un hombre nunca. Desde niña les tuve miedo. Los veía en el corral uncir los bueyes° y levantar los costales de trigo entre voces y zapatazos y siempre tuve miedo de crecer por temor de encontrarme de pronto abrazada por ellos. Dios me ha hecho débil y fea y los ha apartado definitivamente de mí.
AMELIA	¡Eso no digas! Enrique Humanas estuvo detrás de ti y le gustabas.

Le tira… en el asunto: le tira
  indirectas, le comenta el tema
Se tapan: se encubren

Uncir los bueyes: sujetar o atar
  los bueyes al yugo

IRIO	¡Invenciones de la gente! Una vez estuve en camisa detrás de la ventana hasta que fue de día porque me avisó con la hija de su gañán que iba a venir y no vino. Fue todo cosa de lenguas. Luego se casó con otra que tenía más que yo.
AMELIA	¡Y fea como un demonio!
MARTIRIO	¡Qué les importa a ellos la fealdad! A ellos les importa la tierra, las yuntas,° y una perra° sumisa que les dé de comer.
AMELIA	¡Ay! (*Entra* MAGDALENA.)
MAGDALENA	¿Qué hacéis?
MARTIRIO	Aquí.
AMELIA	¿Y tú?
MAGDALENA	Vengo de correr las cámaras.° Por andar un poco. De ver los cuadros bordados de cañamazo° de nuestra abuela, el perrito de lanas y el negro luchando con el león, que tanto nos gustaba de niñas. Aquella era una época más alegre. Una boda duraba diez días y no se usaban las malas lenguas. Hoy hay más finura,° las novias se ponen de velo blanco como en las poblaciones y se bebe vino de botella, pero nos pudrimos por el qué dirán.
MARTIRIO	¡Sabe Dios lo que entonces pasaría!
AMELIA	(*A* MAGDALENA.) Llevas desabrochados los cordones de un zapato.
MAGDALENA	¡Qué más da!°
AMELIA	Te los vas a pisar y te vas a caer.
MAGDALENA	¡Una menos!

---

yuntas: pareja de bueyes o mulas
perra: mujer
Correr las cámaras: pasear por
  las habitaciones

Cañamazo: tipo de tejido
Finura: elegancia
¡Qué más da!: ¡no importa!

MARTIRIO   ¿Y Adela?

MAGDALENA   ¡Ah! Se ha puesto el traje verde que se hizo
              para estrenar° el día de su cumpleaños, se
              ha ido al corral, y ha comenzado a voces:
              "¡Gallinas! ¡Gallinas, miradme!" ¡Me he tenido
              que reír!

AMELIA   ¡Si la hubiera visto madre!. *If mother had seen her!*

MAGDALENA   ¡Pobrecilla! Es la más joven de nosotras y tiene
              ilusión. Daría algo por verla feliz.

(Pausa. ANGUSTIAS *cruza la escena con unas toallas en la
mano.)*

ANGUSTIAS   ¿Qué hora es?

MAGDALENA   Ya deben ser las doce.

ANGUSTIAS   ¿Tanto?

AMELIA   Estarán al caer.°

(Sale ANGUSTIAS.*)*

MAGDALENA   *(Con intención.)* ¿Sabéis ya la cosa? *(Señalando*   Have you heard
              a ANGUSTIAS.*)*

AMELIA   No.

MAGDALENA   ¡Vamos!

MARTIRIO   No sé a qué cosa te refieres…

MAGDALENA   Mejor que yo lo sabéis las dos. Siempre
              cabeza con cabeza como dos ovejitas, pero   *sheep*
              sin desahogarse con nadie. ¡Lo de Pepe el
              Romano!

MARTIRIO   ¡Ah!

MAGDALENA   *(Remedándola.°)* ¡Ah! Ya se comenta por el
              pueblo. Pepe el Romano viene a casarse con
              Angustias. Anoche estuvo rondando° la casa y
              creo que pronto va a mandar un emisario.

Estrenar: poner por vez primera   Rondando: dando vueltas,
Estarán al caer: debe faltar poco   paseando cerca de la casa
Remedándola: imitándola

MARTIRIO	Yo me alegro. Es buen mozo.°
AMELIA	Yo también. Angustias tiene buenas condiciones.
MAGDALENA	Ninguna de las dos os alegráis.
MARTIRIO	¡Magdalena! ¡Mujer!
MAGDALENA	Si viniera por el tipo de Angustias, por Angustias como mujer, yo me alegraría; pero viene por el dinero. Aunque Angustias es nuestra hermana, aquí estamos en familia y reconocemos que está vieja, enfermiza, y que siempre ha sido la que ha tenido menos méritos de todas nosotras. Porque si con veinte años parecía un palo vestido, ¡qué será ahora que tiene cuarenta!
MARTIRIO	No hables así. La suerte viene a quien menos la aguarda.°
AMELIA	¡Después de todo dice la verdad! ¡Angustias tiene todo el dinero de su padre, es la única rica de la casa y por eso ahora que nuestro padre ha muerto y ya se harán particiones viene por ella!
MAGDALENA	Pepe el Romano tiene veinticinco años y es el mejor tipo de todos estos contornos. Lo natural sería que te pretendiera° a ti, Amelia, o a nuestra Adela, que tiene veinte años, pero no que venga a buscar lo más oscuro de esta casa, a una mujer que, como su padre, habla con las narices.
MARTIRIO	¡Puede que a él le guste!°
MAGDALENA	¡Nunca he podido resistir tu hipocresía!

Mozo: hombre
Aguarda: espera
Pretendiera: cortejara, buscara

¡Puede que le guste!: ¡tal vez le guste!

MARTIRIO	¡Dios me valga!°
(Entra ADELA.*)*	
MAGDALENA	¿Te han visto ya las gallinas?
ADELA	¿Y qué queríais que hiciera?
AMELIA	¡Si te ve nuestra madre te arrastra del pelo!
ADELA	Tenía mucha ilusión con el vestido. Pensaba ponérmelo el día que vamos a comer sandías a la noria. No hubiera habido otro igual.
MARTIRIO	Es un vestido precioso.
ADELA	Y que me está muy bien. Es lo mejor que ha cortado Magdalena.
MAGDALENA	¿Y las gallinas qué te han dicho?
ADELA	Regalarme unas cuantas pulgas que me han acribillado° las piernas. *(Ríen.)*
MARTIRIO	Lo que puedes hacer es teñirlo de negro.
MAGDALENA	Lo mejor que puedes hacer es regalárselo a Angustias para la boda con Pepe el Romano.
ADELA	*(Con emoción contenida.)* Pero Pepe el Romano…
AMELIA	¿No lo has oído decir?
ADELA	No.
MAGDALENA	¡Pues ya lo sabes!
ADELA	¡Pero si no puede ser!
MAGDALENA	¡El dinero lo puede todo!
ADELA	¿Por eso ha salido detrás del duelo y estuvo mirando por el portón? *(Pausa.)* Y ese hombre es capaz de…
MAGDALENA	Es capaz de todo.
(Pausa.)	
MARTIRIO	¿Qué piensas, Adela?

¡Dios me valga!: exclamación de sorpresa

Acribillado: picado mucho

ADELA	Pienso que este luto° me ha cogido en la peor época de mi vida para pasarlo.
MAGDALENA	Ya te acostumbrarás.
ADELA	*(Rompiendo a llorar con ira.)* No me acostumbraré. Yo no puedo estar encerrada. No quiero que se me pongan las carnes como a vosotras; no quiero perder mi blancura en estas habitaciones; mañana me pondré mi vestido verde y me echaré a pasear por la calle. ¡Yo quiero salir!

(Entra la CRIADA.*)*

MAGDALENA	*(Autoritaria.)* ¡Adela!
CRIADA	¡La pobre! Cuánto ha sentido° a su padre… *(Sale.)*
MARTIRIO	¡Calla!
AMELIA	Lo que sea de una será de todas.

*(*ADELA *se calma.)*

MAGDALENA	Ha estado a punto de oírte la criada.

(Aparece la CRIADA.*)*

CRIADA	Pepe el Romano viene por lo alto de la calle.

*(*AMELIA, MARTIRIO *y* MAGDALENA *corren presurosas.°)*

MAGDALENA	¡Vamos a verlo! *(Salen rápidas.)*
CRIADA	*(A* ADELA.*)* ¿Tú no vas?
ADELA	No me importa.
CRIADA	Como dará la vuelta a la esquina, desde la ventana de tu cuarto se verá mejor. *(Sale.)*

*(*ADELA *queda en escena dudando; después de un instante se va también rápida hasta su habitación. Salen* BERNARDA *y* LA PONCIA.*)*

BERNARDA	¡Malditas particiones!

Luto: tiempo que sigue a la
muerte de una persona

Sentido: sufrido
Presurosas: con prisa

LA PONCIA	¡Cuánto dinero le queda a Angustias!
BERNARDA	Sí.
LA PONCIA	Y a las otras, bastante menos.
BERNARDA	Ya me lo has dicho tres veces y no te he querido replicar. Bastante menos, mucho menos. No me lo recuerdes más.

(Sale ANGUSTIAS *muy compuesta° de cara.)*

BERNARDA	¡Angustias!
ANGUSTIAS	Madre.
BERNARDA	¿Pero has tenido valor de echarte polvos en la cara? ¿Has tenido valor de lavarte la cara el día de la muerte de tu padre?
ANGUSTIAS	No era mi padre. El mío murió hace tiempo. ¿Es que ya no lo recuerda usted?
BERNARDA	Más debes a este hombre, padre de tus hermanas, que al tuyo. Gracias a este hombre tienes colmada° tu fortuna.
ANGUSTIAS	¡Eso lo teníamos que ver!
BERNARDA	Aunque fuera por decencia. ¡Por respeto!
ANGUSTIAS	Madre, déjeme usted salir. *Let me go out*
BERNARDA	¿Salir? Después de que te hayas quitado esos polvos de la cara. ¡Suavona! ¡Yeyo!° ¡Espejo de tus tías! *(Le quita violentamente con un pañuelo los polvos.)* ¡Ahora, vete! *Now go out*
LA PONCIA	¡Bernarda, no seas tan inquisitiva!
BERNARDA	Aunque mi madre esté loca, yo estoy en mis cinco sentidos y sé perfectamente lo que hago. *senses I know what I'm doing*

(Entran todas.)

MAGDALENA	¿Qué pasa?
BERNARDA	No pasa nada.

Compuesta: arreglada, maquillada	¡Suavona! ¡Yeyo!: insultos alusivos al exceso de maquillaje en la cara
Colmada: repleta, llena	

23

(A ANGUSTIAS.*)* Si es que discuten por las particiones, tú que eres la más rica te puedes quedar con todo.

ANGUSTIAS   Guárdate la lengua en la madriguera.°

BERNARDA   *(Golpeando en el suelo.)* No os hagáis ilusiones de que vais a poder conmigo.° ¡Hasta que salga de esta casa con los pies delante° mandaré en lo mío y en lo vuestro!

(Se oyen unas voces y entra en escena MARÍA JOSEFA*, la madre de* BERNARDA*, viejísima, ataviada° con flores en la cabeza y en el pecho.)* appears

MARÍA JOSEFA   Bernarda, ¿dónde está mi mantilla?° shawl Nada de lo que tengo quiero que sea para vosotras. Ni mis anillos ni mi traje negro de "moaré".° Porque ninguna de vosotras se va a casar. ¡Ninguna! Bernarda, dame mi gargantilla° de perlas.

BERNARDA   *(A la* CRIADA.*)* ¿Por qué la habéis dejado entrar?

CRIADA   *(Temblando.)* ¡Se me escapó!

MARÍA JOSEFA   Me escapé porque me quiero casar, porque quiero casarme con un varón hermoso de la orilla del mar, ya que aquí los hombres huyen de las mujeres.

BERNARDA   ¡Calle usted, madre!   single women

MARÍA JOSEFA   No, no me callo. No quiero ver a estas mujeres solteras rabiando por la boda, haciéndose

---

Madriguera: lugar donde se refugian los animales. Metafóricamente por boca
Vais a poder conmigo: vais a poder controlarme
¡Hasta que…delante!: hasta el día en que muera

Ataviada: llevando
Mantilla: prenda que se pone en la cabeza y cae sobre los hombros
Moaré: tela de seda
Gargantilla: collar

polvo° el corazón, y yo me quiero ir a mi
pueblo. Bernarda, yo quiero un varón para
casarme y para tener alegría.

BERNARDA   ¡Encerradla!

MARÍA JOSEFA ¡Déjame salir, Bernarda!

(*La* CRIADA *coge a* MARÍA JOSEFA.)

BERNARDA   ¡Ayudadla vosotras! (*Todas arrastran a la vieja.*)

MARÍA JOSEFA ¡Quiero irme de aquí! ¡Bernarda! ¡A casarme a
la orilla del mar, a la orilla del mar!

Telón rápido   by the seashore

Acto segundo

*Habitación blanca del interior de la casa de Bernarda. Las
puertas de la izquierda dan a los dormitorios. Las hijas de
Bernarda están sentadas en sillas bajas cosiendo.* sewing
MAGDALENA *borda. Con ellas está* LA PONCIA

ANGUSTIAS   Ya he cortado la tercera sábana. *I have cut the 3rd sheet*

MARTIRIO   Le corresponde a Amelia.

MAGDALENA   Angustias. ¿Pongo también las iniciales de
Pepe?

ANGUSTIAS   (*Seca.*) No.

MAGDALENA   (*A voces.*) Adela, ¿no vienes?

AMELIA   Estará echada en la cama.

LA PONCIA   Ésta tiene algo. La encuentro sin sosiego,°
temblona, asustada, como si tuviese una
lagartija entre los pechos.

MARTIRIO   No tiene ni más ni menos que lo que tenemos
todas.

Haciéndose polvo: sin sosiego: intranquila
  destruyéndose

MAGDALENA	Todas, menos Angustias.
ANGUSTIAS	Yo me encuentro bien, y al que le duela, que reviente.°
MAGDALENA	Desde luego° hay que reconocer que lo mejor que has tenido siempre es el talle° y la delicadeza.
ANGUSTIAS	Afortunadamente, pronto voy a salir de este infierno.
MAGDALENA	¡A lo mejor no sales!
MARTIRIO	Dejar esa conversación.
ANGUSTIAS	Y, además, ¡más vale onza en el arca que ojos negros en la cara!°
MAGDALENA	Por un oído me entra y por otro me sale.°
AMELIA	(*A* LA PONCIA.) Abre la puerta del patio a ver si nos entra un poco de fresco.

(*La* CRIADA *lo hace.*)

MARTIRIO	Esta noche pasada no me podía quedar dormida por el calor.
AMELIA	Yo tampoco.
MAGDALENA	Yo me levanté a refrescarme. Había un nublo° negro de tormenta y hasta cayeron algunas gotas.
LA PONCIA	Era la una de la madrugada y subía fuego de la tierra. También me levanté yo. Todavía estaba Angustias con Pepe en la ventana.
MAGDALENA	(*Con ironía.*) ¿Tan tarde? ¿A qué hora se fue?
ANGUSTIAS	Magdalena, ¿a qué preguntas, si lo viste?
AMELIA	Se iría a eso de la una y media.
ANGUSTIAS	¿Sí? ¿Tú por qué lo sabes?

Y al que le duela, que reviente:
   y no me importa si los demás
   tienen problemas
Desde luego: por supuesto
Talle: figura, presencia física

Más vale… en la cara: es mejor
   tener dinero que ser bella
Por un oído… me sale: no me
   importa lo que digas
Nublo: nublado

AMELIA	Lo sentí toser y oí los pasos de su jaca.°
LA PONCIA	Pero si yo lo sentí marchar a eso de las cuatro.
ANGUSTIAS	No sería él.
LA PONCIA	Estoy segura.
MARTIRIO	A mí también me pareció.
MAGDALENA	¡Qué cosa más rara!

(Pausa.)

LA PONCIA	Oye, Angustias, ¿qué fue lo que te dijo la primera vez que se acercó a tu ventana?
ANGUSTIAS	Nada. ¡Qué me iba a decir! Cosas de conversación.
MARTIRIO	Verdaderamente es raro que dos personas que no se conocen se vean de pronto en una reja° y ya novios.
ANGUSTIAS	Pues a mí no me chocó.
AMELIA	A mí me daría no sé qué.°
ANGUSTIAS	No, porque cuando un hombre se acerca a una reja ya sabe por los que van y vienen, llevan y traen, que se le va a decir que sí.
MARTIRIO	Bueno; pero él te lo tendría que decir.
ANGUSTIAS	¡Claro!
AMELIA	*(Curiosa.)* ¿Y cómo te lo dijo?
ANGUSTIAS	Pues nada: "Ya sabes que ando detrás de ti, necesito una mujer buena, modosa,° y esa eres tú si me das la conformidad."
AMELIA	¡A mí me da vergüenza de estas cosas!
ANGUSTIAS	Y a mí, pero hay que pasarlas.
LA PONCIA	¿Y habló más?
ANGUSTIAS	Sí, siempre habló él.
MARTIRIO	¿Y tú?

Jaca: caballo
Reja: barras de hierro que se
　usan para cerrar o cubrir una
　ventana

A mí me daría no sé qué: a mí
　me habría sorprendido
Modosa: modesta, mesurada

ANGUSTIAS	Yo no hubiera podido. Casi se me salió el corazón por la boca.° Era la primera vez que estaba sola de noche con un hombre.
MAGDALENA	Y un hombre tan guapo.
ANGUSTIAS	No tiene mal tipo.
LA PONCIA	Esas cosas pasan entre personas ya un poco instruidas que hablan y dicen y mueven la mano… La primera vez que mi marido Evaristo el Colín vino a mi ventana… Ja, ja, ja.
AMELIA	¿Qué pasó?
LA PONCIA	Era muy oscuro. Lo vi acercarse y al llegar me dijo: "Buenas noches." "Buenas noches", le dije yo, y nos quedamos callados más de media hora. Me corría el sudor por todo el cuerpo. Entonces Evaristo se acercó, se acercó que se quería meter por los hierros, y dijo con voz muy baja: "¡Ven que te tiente!"° *(Ríen todas.)*

*(*AMELIA *se levanta corriendo y espía por una puerta.)*

AMELIA	¡Ay!, creí que llegaba nuestra madre.
MAGDALENA	¡Buenas nos hubiera puesto!° *(Siguen riendo.)*
AMELIA	Chissss… ¡Que nos van a oír!
LA PONCIA	Luego se portó bien. En vez de darle por otra cosa le dio por criar colorines° hasta que se murió. A vosotras que sois solteras, os conviene saber de todos modos que el hombre, a los quince días de boda, deja la cama por la mesa y luego la mesa por la tabernilla, y la

---

Casi se… por la boca: estaba
  muy nerviosa
Que te tiente: que te toque
¡Buenas nos hubiera puesto!: ¡se
  habría enfadado mucho con

nosotras
En vez de darle…colorines:
  escogió por afición criar
  pájaros de colores

	que no se conforma se pudre llorando en un rincón.
AMELIA	Tú te conformaste.
LA PONCIA	¡Yo pude con él!°
MARTIRIO	¿Es verdad que le pegaste algunas veces?
LA PONCIA	Sí, y por poco si le dejo tuerto.°
MAGDALENA	¡Así debían ser todas las mujeres!
LA PONCIA	Yo tengo la escuela de tu madre. Un día me dijo no sé qué cosa y le maté todos los colorines con la mano del almirez.° *(Ríen.)*
MAGDALENA	Adela, niña, no te pierdas esto.
AMELIA	Adela.

(Pausa.)

MAGDALENA	Voy a ver. *(Entra.)*
LA PONCIA	Esa niña está mala.
MARTIRIO	Claro, no duerme apenas.
LA PONCIA	¿Pues qué hace?
MARTIRIO	¡Yo qué sé lo que hace!
LA PONCIA	Mejor lo sabrás tú que yo, que duermes pared por medio.
ANGUSTIAS	La envidia la come
AMELIA	No exageres.
ANGUSTIAS	Se lo noto en los ojos. Se le está poniendo mirar de loca.°
MARTIRIO	No habléis de locos. Aquí es el único sitio donde no se puede pronunciar esta palabra.

(Sale MAGDALENA *con* ADELA.*)*

MAGDALENA	Pues ¿no estabas dormida?

¡Yo pude con él!: ¡yo lo pude dominar!

Y por poco si le dejo tuerto: casi le hago perder la visión de un ojo

Mano del almirez: el mazo o palo que se usa con el almirez, o mortero, para moler especias

Se le está…loca: su forma de mirar está empezando a parecer el de una loca

ADELA   Tengo mal cuerpo.°

MARTIRIO   *(Con intención.)* ¿Es que no has dormido bien
               esta noche?

ADELA   Sí.

MARTIRIO   ¿Entonces?

ADELA   *(Fuerte.)* ¡Déjame ya! ¡Durmiendo o velando,
               no tienes por qué meterte en lo mío! ¡Yo hago
               con mi cuerpo lo que me parece!

MARTIRIO   ¡Sólo es interés por ti!

ADELA   Interés o inquisición. ¿No estabais cosiendo?
               Pues seguir. ¡Quisiera ser invisible, pasar por
               las habitaciones sin que me preguntarais
               dónde voy!

CRIADA   *(Entra.)* Bernarda os llama. Está el hombre de
               los encajes.°

    (Salen.)

    (Al salir, MARTIRIO *mira fijamente a* ADELA.*)*

ADELA   ¡No me mires más! Si quieres te daré mis ojos,
               que son frescos, y mis espaldas para que te
               compongas° la joroba que tienes, pero vuelve
               la cabeza cuando yo paso.

    (Se va MARTIRIO.*)*

LA PONCIA   ¡Que es tu hermana y además la que más te
               quiere!

ADELA   Me sigue a todos lados. A veces se asoma° a
               mi cuarto para ver si duermo. No me deja
               respirar. Y siempre: "¡Qué lástima de cara!",
               "¡Qué lástima de cuerpo que no vaya a ser para

---

Tengo mal cuerpo: no me siento   vestidos o ropa interior
   bien   Compongas la espalda: arregles
Encajes: fragmento estrecho de   el bulto en la espalda
   un tejido usado para adornar   Se asoma: mira

nadie!" ¡Y eso no! Mi cuerpo será de quien yo quiera.

LA PONCIA　*(Con intención y en voz baja.)* De Pepe el Romano. ¿No es eso?

ADELA　*(Sobrecogida.)* ¿Qué dices?

LA PONCIA　Lo que digo, Adela.

ADELA　¡Calla!

LA PONCIA　*(Alto.)* ¿Crees que no me he fijado?

ADELA　¡Baja la voz!

LA PONCIA　¡Mata esos pensamientos!

ADELA　¿Qué sabes tú?

LA PONCIA　Las viejas vemos a través de las paredes. ¿Dónde vas de noche cuando te levantas?

ADELA　¡Ciega debías estar!

LA PONCIA　Con la cabeza y las manos llenas de ojos cuando se trata de lo que se trata. Por mucho que pienso no sé lo que te propones. ¿Por qué te pusiste casi desnuda con la luz encendida y la ventana abierta al pasar Pepe el segundo día que vino a hablar con tu hermana?

ADELA　¡Eso no es verdad!

LA PONCIA　No seas como los niños chicos. ¡Deja en paz a tu hermana, y si Pepe el Romano te gusta, te aguantas!° (ADELA *llora.)* Además, ¿quién dice que no te puedes casar con él? Tu hermana Angustias es una enferma. Esa no resiste el primer parto.° Es estrecha de cintura, vieja, y con mi conocimiento te digo que se morirá. Entonces Pepe hará lo que hacen todos los viudos de esta tierra: se casará con la más joven, la más hermosa, y esa serás tú. Alimenta

---

Te aguantas: reprime tus　　　Parto: acto de dar a luz
　emociones

	esa esperanza, olvídalo, lo que quieras, pero no vayas contra la ley de Dios.
ADELA	¡Calla!
LA PONCIA	¡No callo!
ADELA	Métete en tus cosas,° ¡oledora!,° ¡pérfida!°
LA PONCIA	Sombra tuya he de ser.
ADELA	En vez de limpiar la casa y acostarte para rezar a tus muertos, buscas como una vieja marrana° asuntos de hombres y mujeres para babosear° en ellos.
LA PONCIA	¡Velo!° Para que las gentes no escupan al pasar por esta puerta.
ADELA	¡Qué cariño tan grande te ha entrado de pronto por mi hermana!
LA PONCIA	No os tengo ley° a ninguna, pero quiero vivir en casa decente. ¡No quiero mancharme de vieja!
ADELA	Es inútil tu consejo. Ya es tarde. No por encima de ti, que eres una criada; por encima de mi madre saltaría para apagarme este fuego que tengo levantado por piernas y boca. ¿Qué puedes decir de mí? ¿Que me encierro en mi cuarto y no abro la puerta? ¿Que no duermo? ¡Soy más lista que tú! Mira a ver si puedes agarrar la liebre con tus manos.°
LA PONCIA	No me desafíes, Adela, no me desafíes. Porque yo puedo dar voces, encender luces y hacer

---

Métete en tus cosas: preocúpate de tus asuntos
¡Oledora!: insulto, se refiere a que trata de saber todo lo que pasa en la casa
¡Pérfida!: ¡desleal!
Marrana: cerda
Babosear: mojar o manchar algo con saliva
¡Velo!: Prenda con la que se cubren la cara las mujeres
No os tengo ley: no os tengo cariño
Si puedes agarrar la liebre con tus manos: si puedes descubrir lo que hago

	que toquen las campanas.
ADELA	Trae cuatro mil bengalas° amarillas y ponlas en las bardas° del corral. Nadie podrá evitar que suceda lo que tiene que suceder.
LA PONCIA	¡Tanto te gusta ese hombre!
ADELA	¡Tanto! Mirando sus ojos me parece que bebo su sangre lentamente.
LA PONCIA	Yo no te puedo oír.
ADELA	¡Pues me oirás! Te he tenido miedo. ¡Pero ya soy más fuerte que tú!

(Entra ANGUSTIAS.)

AUNGUSTIAS	¡Siempre discutiendo!
LA PONCIA	Claro. Se empeña° que con el calor que hace vaya a traerle no sé qué de la tienda.
ANGUSTIAS	¿Me compraste el bote de esencia?
LA PONCIA	El más caro. Y los polvos. En la mesa de tu cuarto los he puesto.

(Sale ANGUSTIAS.)

ADELA	¡Y chitón!°
LA PONCIA	¡Lo veremos!

(Entran MARTIRIO, AMELIA y MAGDALENA.)

MAGDALENA	*(A ADELA.)* ¿Has visto los encajes?
AMELIA	Los de Angustias para sus sábanas de novia son preciosos.
ADELA	*(A MARTIRIO, que trae unos encajes.)* ¿Y éstos?
MARTIRIO	Son para mí. Para una camisa.
ADELA	*(Con sarcasmo.)* Se necesita buen humor.
MARTIRIO	*(Con intención.)* Para verlo yo. No necesito lucirme° ante nadie.

Bengalas: luces
Bardas: parte superior de las
   paredes cubierta de ramas o
   paja para protegerse contra la

lluvia
Se empeña: insiste en que
¡Y chitón!: ¡silencio!
Lucirme: mostrarme, exhibirme

LA PONCIA   Nadie le ve a una en camisa.

MARTIRIO   *(Con intención y mirando a* ADELA.*)* ¡A veces! Pero me encanta la ropa interior. Si fuera rica la tendría de holanda.° Es uno de los pocos gustos que me quedan.

LA PONCIA   Estos encajes son preciosos para las gorras de niños, para mantehuelos° de cristianar. Yo nunca pude usarlos en los míos. A ver si ahora Angustias los usa en los suyos. Como le dé por tener crías,° vais a estar cosiendo mañana y tarde.

MAGDALENA   Yo no pienso dar una puntada.°

AMELIA   Y mucho menos criar niños ajenos. Mira tú cómo están las vecinas del callejón, sacrificadas por cuatro monigotes.°

LA PONCIA   Esas están mejor que vosotras. ¡Siquiera° allí se ríe y se oyen porrazos!°

MARTIRIO   Pues vete a servir con ellas.

LA PONCIA   No. Ya me ha tocado en suerte este convento.

(Se oyen unos campanillos lejanos como a través de varios muros.)

MAGDALENA   Son los hombres que vuelven al trabajo.

LA PONCIA   Hace un minuto dieron las tres.

MARTIRIO   ¡Con este sol!

ADELA   *(Sentándose.)* ¡Ay, quién pudiera salir también a los campos!

MAGDALENA   *(Sentándose.)* ¡Cada clase tiene que hacer lo suyo!

Holanda: tela de algodón o hilo muy fina
Mantehuelos de cristianar: prenda utilizada para bautizar a los niños
Crías: niños

No pienso dar una puntada: no pienso coser nada
Monigotes: niños, en sentido un tanto despectivo
¡Siquiera!: ¡al menos!
Porrazos: golpes

MARTIRIO	*(Sentándose.)* ¡Así es!
AMELIA	*(Sentándose.)* ¡Ay!

LA PONCIA   No hay alegría como la de los campos en esta
época. Ayer de mañana llegaron los segadores.°
Cuarenta o cincuenta buenos mozos.

MAGDALENA   ¿De dónde son este año?

LA PONCIA   De muy lejos. Vinieron de los montes.
¡Alegres! ¡Como árboles quemados! ¡Dando
voces y arrojando piedras! Anoche llegó al
pueblo una mujer vestida de lentejuelas y que
bailaba con un acordeón, y quince de ellos la
contrataron para llevársela al olivar. Yo los vi
de lejos. El que la contrataba era un muchacho
de ojos verdes, apretado como una gavilla de
trigo.°

AMELIA   ¿Es eso cierto?

ADELA   ¡Pero es posible!

LA PONCIA   Hace años vino otra de éstas y yo misma di
dinero a mi hijo mayor para que fuera. Los
hombres necesitan estas cosas.

ADELA   Se les perdona todo.

AMELIA   Nacer mujer es el mayor castigo.

MAGDALENA   Y ni nuestros ojos siquiera nos pertenecen.

(Se oye un cantar lejano que se va acercando.)

LA PONCIA   Son ellos. Traen unos cantos preciosos.

AMELIA   Ahora salen a segar.

CORO   Ya salen los segadores
en busca de las espigas;°
se llevan los corazones
de las muchachas que miran.

Segadores: los que cortan los
  cereales
Apretado como una gavilla de
  trigo: fuerte como un grupo

de cañas de trigo
Espigas: parte superior de la
  caña donde se almacena el
  grano

(Se oyen panderos y carrañacas.° Pausa. Todas oyen en un silencio traspasado por el sol.)

AMELIA	¡Y no les importa el calor!
MARTIRIO	Siegan entre llamaradas.°
ADELA	Me gustaría segar para ir y venir. Así se olvida lo que nos muerde.
MARTIRIO	¿Qué tienes tú que olvidar?
ADELA	Cada una sabe sus cosas.
MARTIRIO	*(Profunda.)* ¡Cada una!
LA PONCIA	¡Callar! ¡Callar!
CORO	*(Muy lejano.)* Abrir puertas y ventanas las que vivís en el pueblo, el segador pide rosas para adornar su sombrero.
LA PONCIA	¡Qué canto!
MARTIRIO	*(Con nostalgia.)* Abrir puertas y ventanas las que vivís en el pueblo…
ADELA	*(Con pasión.)* …el segador pide rosas para adornar su sombrero.

(Se va alejando el cantar.)

LA PONCIA	Ahora dan vuelta a la esquina.
ADELA	Vamos a verlos por la ventana de mi cuarto.
LA PONCIA	Tened cuidado con no entreabrirla mucho, porque son capaces de dar un empujón para ver quién mira.

(Se van las tres, MARTIRIO queda sentada en la silla baja con la cabeza entre las manos.)

AMELIA	*(Acercándose.)* ¿Qué te pasa?
MARTIRIO	Me sienta mal el calor.
AMELIA	¿No es más que eso?
MARTIRIO	Estoy deseando que llegue noviembre, los días de lluvias, la escarcha,° todo lo que no sea este

---

Panderos y carrañacas: instrumentos musicales

Llamaradas: un calor exagerado
Escarcha: partículas de hielo

	verano interminable.
AMELIA	Ya pasará y volverá otra vez.
MARTIRIO	¡Claro! *(Pausa.)* ¿A qué hora te dormiste anoche?
AMELIA	No sé. Yo duermo como un tronco.° ¿Por qué?
MARTIRIO	Por nada, pero me pareció oír gente en el corral.
AMELIA	¿Sí?
MARTIRIO	Muy tarde.
AMELIA	¿Y no tuviste miedo?
MARTIRIO	No. Ya lo he oído otras noches.
AMELIA	Debiéramos tener cuidado. ¿No serían los gañanes?
MARTIRIO	Los gañanes llegan a las seis.
AMELIA	Quizá una mulilla sin desbravar.°
MARTIRIO	*(Entre dientes y llena de segunda intención.)* Eso, ¡eso!, una mulilla sin desbravar.
AMELIA	¡Hay que prevenir!
MARTIRIO	No. No. No digas nada, puede ser un barrunto° mío.
AMELIA	Quizá. *(Pausa.* AMELIA *inicia el mutis.°)*
MARTIRIO	Amelia.
AMELI	*(En la puerta.)* ¿Qué?
(Pausa.)	
MARTIRIO	Nada.
(Pausa.)	
AMELIA	¿Por qué me llamaste?
(Pausa.)	

Yo duermo... tronco: duermo
  profundamente
Mulilla sin desbravar: mula
  pequeña sin domar o
  domesticar

Barrunto: sospecha,
  presentimiento
Inicia el mutis: comienza a salir
  de la escena

MARTIRIO	Se me escapó. Fue sin darme cuenta.

(Pausa.)

AMELIA	Acuéstate un poco.
ANGUSTIAS	*(Entrando furiosa en escena, de modo que haya un gran contraste con los silencios anteriores.)* ¿Dónde está el retrato de Pepe que tenía yo debajo de mi almohada? ¿Quién de vosotras lo tiene?
MARTIRIO	Ninguna.
AMELIA	Ni que Pepe fuera un San Bartolomé de plata.
ANGUSTIAS	¿Dónde está el retrato?

(Entran LA PONCIA, MAGDALENA y ADELA.)

ADELA	¿Qué retrato?
ANGUSTIAS	Una de vosotras me lo ha escondido.
MAGDALENA	¿Tienes la desvergüenza° de decir esto?
ANGUSTIAS	Estaba en mi cuarto y ya no está.
MARTIRIO	¿Y no se habrá escapado a medianoche al corral? A Pepe le gusta andar con la luna.
ANGUSTIAS	¡No me gastes bromas! Cuando venga se lo contaré.
LA PONCIA	¡Eso no, porque aparecerá! *(Mirando a ADELA.)*
ANGUSTIAS	¡Me gustaría saber cuál de vosotras lo tiene!
ADELA	*(Mirando a MARTIRIO.)* ¡Alguna! ¡Todas menos yo!
MARTIRIO	*(Con intención.)* ¡Desde luego!
BERNARDA	*(Entrando.)* ¡Qué escándalo es este en mi casa y en el silencio del peso del calor! Estarán las vecinas con el oído pegado a los tabiques.
ANGUSTIAS	Me han quitado el retrato de mi novio.
BERNARDA	*(Fiera.)* ¿Quién? ¿Quién?
ANGUSTIAS	¡Éstas!
BERNARDA	¿Cuál de vosotras? *(Silencio.)* ¡Contestarme!

Desvergüenza: atrevimiento

(Silencio. A Poncia.*)* Registra los cuartos, mira por las camas. ¡Esto tiene no ataros más cortas!° ¡Pero me vais a soñar!° *(A* Angustias.*)* ¿Estás segura?

Angustias	Sí.
Bernarda	¿Lo has buscado bien?
Angustias	Sí, madre.

(Todas están de pie en medio de un embarazoso silencio.)

Bernarda	Me hacéis al final de mi vida beber el veneno más amargo que una madre puede resistir. *(A* Poncia.*)* ¿No lo encuentras?
La Poncia	*(Saliendo.)* Aquí está.
Bernarda	¿Dónde lo has encontrado?
La Poncia	Estaba…
Bernarda	Dilo sin temor.
La Poncia	*(Extrañada.°)* Entre las sábanas de la cama de Martirio.
Bernarda	*(A* Martirio.*)* ¿Es verdad?
Martirio	¡Es verdad!
Bernarda	*(Avanzando y golpeándola.)* Mala puñalada te den. ¡Mosca muerta! ¡Sembradura de vidrios!°
Martirio	*(Fiera.)* ¡No me pegue usted, madre!
Bernarda	¡Todo lo que quiera!
Martirio	¡Si yo la dejo! ¿Lo oye? ¡Retírese usted!
La Poncia	No faltes a tu madre.°
Angustias	*(Cogiendo a* Bernarda.*)* Déjala. ¡Por favor!
Bernarda	Ni lágrimas te quedan en esos ojos.
Martirio	No voy a llorar para darle gusto.
Bernarda	¿Por qué has cogido el retrato?

Esto… más cortas: esto sucede por no reprimiros con más fuerza

¡Pero me… soñar!: ¡me las vais a pagar!

Extrañada: sorprendida

Mala… de vidrios!: serie de insultos dirigidos a Martirio

No faltes a tu madre: respeta a tu madre

Martirio	¿Es que yo no puedo gastar una broma a mi hermana? ¿Para qué lo iba a querer?
Adela	*(Saltando llena de celos.)* No ha sido broma, que tú nunca has gustado jamás de juegos. Ha sido otra cosa que te reventaba° en el pecho por querer salir. Dilo ya claramente.
Martirio	¡Calla y no me hagas hablar, que si hablo se van a juntar las paredes unas con otras de vergüenza!
Adela	¡La mala lengua no tiene fin para inventar!
Bernarda	¡Adela!
Magdalena	Estáis locas.
Amelia	Y nos apedreáis° con malos pensamientos.
Martirio	Otras hacen cosas más malas.
Adela	Hasta que se pongan en cueros° de una vez y se las lleve el río.
Bernarda	¡Perversa!
Angustias	Yo no tengo la culpa de que Pepe el Romano se haya fijado en mí.°
Adela	¡Por tus dineros!
Angustias	¡Madre!
Bernarda	¡Silencio!
Martirio	Por tus marjales° y tus arboledas.
Magdalena	¡Eso es lo justo!
Bernarda	¡Silencio digo! Yo veía la tormenta venir, pero no creía que estallara tan pronto. ¡Ay, qué pedrisco° de odio habéis echado sobre mi corazón! Pero todavía no soy anciana y tengo cinco cadenas para vosotras y esta casa levantada por mi padre para que ni las

---

Reventaba: explotaba
Apedreáis: tiráis piedras
Se pongan en cueros: se queden
  desnudas

Se haya fijado en mí: me haya
  escogido a mí
Marjales: fincas, tierras
Pedrisco: granizo grueso

hierbas se enteren° de mi desolación. ¡Fuera
de aquí! *(Salen.* BERNARDA *se sienta desolada.*
LA PONCIA *está de pie arrimada° a los muros.*
BERNARDA *reacciona, da un golpe en el suelo*
y dice:) ¡Tendré que sentarles la mano!°
Bernarda: acuérdate que esta es tu obligación.

LA PONCIA	¿Puedo hablar?
BERNARDA	Habla. Siento que hayas oído. Nunca está bien una extraña en el centro de la familia.
LA PONCIA	Lo visto, visto está.
BERNARDA	Angustias tiene que casarse en seguida.
LA PONCIA	Claro, hay que retirarla de aquí.
BERNARDA	No a ella. ¡A él!
LA PONCIA	Claro. A él hay que alejarlo de aquí. Piensas bien.
BERNARDA	No pienso. Hay cosas que no se pueden ni se deben pensar. Yo ordeno.
LA PONCIA	¿Y tú crees que él querrá marcharse?
BERNARDA	*(Levantándose.)* ¿Qué imagina tu cabeza?
LA PONCIA	Él, ¡claro!, se casará con Angustias.
BERNARDA	Habla, te conozco demasiado para saber que ya me tienes preparada la cuchilla.
LA PONCIA	Nunca pensé que se llamara asesinato al aviso.°
BERNARDA	¿Me tienes que prevenir algo?
LA PONCIA	Yo no acuso, Bernarda. Yo sólo te digo: abre los ojos y verás.
BERNARDA	¿Y verás qué?
LA PONCIA	Siempre has sido lista. Has visto lo malo de las gentes a cien leguas; muchas veces creí que adivinabas los pensamientos. Pero los hijos son los hijos. Ahora estás ciega.

Se enteren: sepan   Sentarles la mano: castigarlas
Arrimada: cerca de, pegada a   Aviso: advertencia

BERNARDA	¿Te refieres a Martirio?
LA PONCIA	Bueno, a Martirio… *(Con curiosidad.)* ¿Por qué habrá escondido el retrato?
BERNARDA	*(Queriendo ocultar a su hija.)* Después de todo, ella dice que ha sido una broma. ¿Qué otra cosa puede ser?
LA PONCIA	¿Tú lo crees así? *(Con sorna.°)*
BERNARDA	*(Enérgica.)* No lo creo. ¡Es así!
LA PONCIA	Basta. Se trata de lo tuyo. Pero si fuera la vecina de enfrente, ¿qué sería?
BERNARDA	Ya empiezas a sacar la punta del cuchillo.
LA PONCIA	*(Siempre con crueldad.)* Bernarda: aquí pasa una cosa muy grande. Yo no te quiero echar la culpa, pero tú no has dejado a tus hijas libres. Martirio es enamoradiza, digas lo que tú quieras. ¿Por qué no la dejaste casar con Enrique Humanas? ¿Por qué el mismo día que iba a venir a la ventana le mandaste recado° que no viniera?
BERNARDA	¡Y lo haría mil veces! ¡Mi sangre no se junta con la de los Humanas mientras yo viva! Su padre fue gañán.
LA PONCIA	¡Y así te va a ti con esos humos!°
BERNARDA	Los tengo porque puedo tenerlos. Y tú no los tienes porque sabes muy bien cuál es tu origen.
LA PONCIA	*(Con odio.)* No me lo recuerdes. Estoy ya vieja. Siempre agradecí tu protección.
BERNARDA	*(Crecida.)* ¡No lo parece!
LA PONCIA	*(Con odio envuelto en suavidad.)* A Martirio se le olvidará esto.

Con sorna: irónicamente
Le mandaste recado: le mandaste
  decir

¡Y así te… humos!: las cosas
  no te van bien siendo tan
  arrogante

BERNARDA	Y si no lo olvida peor para ella. No creo que esta sea la "cosa muy grande" que aquí pasa. Aquí no pasa nada. ¡Eso quisieras tú! Y si pasa algún día, estate segura que no traspasará las paredes.
LA PONCIA	Eso no lo sé yo. En el pueblo hay gentes que leen también de lejos los pensamientos escondidos.
BERNARDA	¡Cómo gozarías° de vernos a mí y a mis hijas camino del lupanar!°
LA PONCIA	¡Nadie puede conocer su fin!
BERNARDA	¡Yo sí sé mi fin! ¡Y el de mis hijas! El lupanar se queda para alguna mujer ya difunta.°
LA PONCIA	¡Bernarda, respeta la memoria de mi madre!
BERNARDA	¡No me persigas tú con tus malos pensamientos!

(Pausa.)

LA PONCIA	Mejor será que no me meta en nada.°
BERNARDA	Eso es lo que debías hacer. Obrar y callar a todo. Es la obligación de los que viven a sueldo.
LA PONCIA	Pero no se puede. ¿A ti no te parece que Pepe estaría mejor casado con Martirio o…, ¡sí!, con Adela?
BERNARDA	No me parece.
LA PONCIA	Adela. ¡Esa es la verdadera novia del Romano!
BERNARDA	Las cosas no son nunca a gusto nuestro.
LA PONCIA	Pero les cuesta mucho trabajo° desviarse de la verdadera inclinación. A mí me parece mal que Pepe esté con Angustias, y a las gentes,

---

Gozarías: disfrutarías
Lupanar: prostíbulo
Difunta: muerta
Que no me meta en nada: que no interfiera en nada
Les cuesta mucho trabajo: les es difícil

y hasta al aire. ¡Quién sabe si saldrán con la suya!°

BERNARDA ¡Ya estamos otra vez!… Te deslizas° para llenarme de malos sueños. Y no quiero entenderte, porque si llegara al alcance de todo lo que dices te tendría que arañar.

LA PONCIA ¡No llegará la sangre al río!°

BERNARDA Afortunadamente mis hijas me respetan y jamás torcieron mi voluntad.

LA PONCIA ¡Eso sí! Pero en cuanto las dejes sueltas se te subirán al tejado.°

BERNARDA ¡Ya las bajaré tirándoles cantos!°

LA PONCIA ¡Desde luego eres la más valiente!

BERNARDA ¡Siempre gasté sabrosa pimienta!°

LA PONCIA ¡Pero lo que son las cosas! A su edad. ¡Hay que ver el entusiasmo de Angustias con su novio! ¡Y él también parece muy picado!° Ayer me contó mi hijo mayor que a las cuatro y media de la madrugada, que pasó por la calle con la yunta, estaban hablando todavía.

BERNARDA ¡A las cuatro y media!

ANGUSTIAS *(Saliendo.)* ¡Mentira!

LA PONCIA Eso me contaron.

BERNARDA *(A ANGUSTIAS.)* ¡Habla!

ANGUSTIAS Pepe lleva más de una semana marchándose a la una. Que Dios me mate si miento.

Si saldrán con la suya: si conseguirán lo que ellos quieren
Te deslizas: te mueves suavemente
¡No llegará la sangre al río!: el asunto no tendrá mayores consecuencias

En cuanto las dejes… tejado: en cuanto las dejes libres te perderán el respeto
Cantos: piedras
¡Siempre… pimienta!: siempre fui muy decidida
Picado: entusiasmado

MARTIRIO	(*Saliendo.*) Yo también lo sentí marcharse a las cuatro.
BERNARDA	Pero ¿lo viste con tus ojos?
MARTIRIO	No quise asomarme. ¿No habláis ahora por la ventana del callejón?
ANGUSTIAS	Yo hablo por la ventana de mi dormitorio.

(*Aparece* ADELA *en la puerta.*)

MARTIRIO	Entonces…
BERNARDA	¿Qué es lo que pasa aquí?
LA PONCIA	¡Cuida de enterarte!° Pero, desde luego, Pepe estaba a las cuatro de la madrugada en una reja de tu casa.
BERNARDA	¿Lo sabes seguro?
LA PONCIA	Seguro no se sabe nada en esta vida.
ADELA	Madre, no oiga usted a quien nos quiere perder a todas.
BERNARDA	¡Yo sabré enterarme! Si las gentes del pueblo quieren levantar falsos testimonios, se encontrarán con mi pedernal. No se hable de este asunto. Hay a veces una ola de fango° que levantan los demás para perdernos.
MARTIRIO	A mí no me gusta mentir.
LA PONCIA	Y algo habrá.
BERNARDA	No habrá nada. Nací para tener los ojos abiertos. Ahora vigilaré sin cerrarlos ya hasta que me muera.
ANGUSTIAS	Yo tengo derecho de enterarme.
BERNARDA	Tú no tienes derecho más que a obedecer. Nadie me traiga ni me lleve. (*A* LA PONCIA.) Y tú te metes en los asuntos de tu casa. ¡Aquí no se vuelve a dar un paso sin que yo lo sienta!°

¡Cuida de enterarte!: ten cuidado con saberlo	Fango: barro
	Sienta: sepa

CRIADA   *(Entrando.)* En lo alto de la calle hay un
                  gran gentío° y todos los vecinos están en sus
                  puertas.

BERNARDA   *(A* LA PONCIA.) ¡Corre a enterarte de lo que
                  pasa! *(Las* MUJERES *corren para salir.)* ¿Dónde
                  vais? Siempre os supe mujeres ventaneras° y
                  rompedoras de su luto. ¡Vosotras, al patio!

(Salen y sale BERNARDA. *Se oyen rumores lejanos. Entran*
MARTIRIO *y* ADELA, *que se quedan escuchando y sin*
atreverse a dar un paso más de la puerta de salida.)

MARTIRIO   Agradece a la casualidad que no desaté mi
                  lengua.°

ADELA   También hubiera hablado yo.

MARTIRIO   ¿Y qué ibas a decir? ¡Querer no es hacer!

ADELA   Hace la que puede y la que se adelanta. Tú
                  querías, pero no has podido.

MARTIRIO   No seguirás mucho tiempo.

ADELA   ¡Lo tendré todo!

MARTIRIO   Yo romperé tus abrazos.

ADELA   *(Suplicante.)* ¡Martirio, déjame!

MARTIRIO   ¡De ninguna!

ADELA   ¡Él me quiere para su casa!

MARTIRIO   ¡He visto cómo te abrazaba!

ADELA   Yo no quería. He sido como arrastrada por
                  una maroma.°

MARTIRIO   ¡Primero muerta!

(Se asoman MAGDALENA *y* ANGUSTIAS. *Se siente crecer el*
tumulto.°)

LA PONCIA   *(Entrando con* BERNARDA.) ¡Bernarda!

Gentío: muchas personas   no hablé para decir lo que sé
Ventaneras: que les gustaba estar   Maroma: cuerda gruesa
  pegadas a la ventana para ver   Tumulto: ruido provocado por
  y ser vistas   la gente
Que no desaté mi lengua: que

BERNARDA	¿Qué ocurre?
LA PONCIA	La hija de la Librada, la soltera, tuvo un hijo no se sabe con quién.
ADELA	¿Un hijo?
LA PONCIA	Y para ocultar su vergüenza lo mató y lo metió debajo de unas piedras, pero unos perros con más corazón que muchas criaturas lo sacaron, y como llevados por la mano de Dios lo han puesto en el tranco de su puerta.° Ahora la quieren matar. La traen arrastrando por la calle abajo, y por las trochas° y los terrenos del olivar vienen los hombres corriendo, dando unas voces que estremecen° los campos.
BERNARDA	Sí, que vengan todos con varas° de olivo y mangos° de azadones,° que vengan todos para matarla.
ADELA	No, no. Para matarla, no.
MARTIRIO	Sí, y vamos a salir también nosotras.
BERNARDA	Y que pague la que pisotea° la decencia.

(Fuera se oye un grito de mujer y un gran rumor.)

ADELA	¡Que la dejen escapar! ¡No salgáis vosotras!
MARTIRIO	*(mirando a* ADELA*)* ¡Que pague lo que debe!
BERNARDA	*(bajo el arco)* ¡Acabar con ella antes que lleguen los guardias! ¡Carbón ardiendo en el sitio de su pecado!
ADELA	*(cogiéndose el vientre)* ¡No! ¡No!
BERNARDA	¡Matadla! ¡Matadla!
	Telón

Tranco de su puerta: umbral o
  parte inferior de la puerta
Trochas: sendas, caminos
  estrechos
Estremecen: conmueven, asustan

Varas: ramas
Mangos: palos gruesos
Azadones: herramienta usada en
  el trabajo del campo
La que pisotea: la que se burla

Acto tercero

*(Cuatro paredes blancas ligeramente azuladas° del patio
interior de la casa de* BERNARDA. *Es de noche. El decorado ha
de ser de una perfecta simplicidad. Las puertas iluminadas
por la luz de los interiores dan un tenue fulgor° a la escena.)*

*(En el centro una mesa con un quinqué,° donde están
comiendo* BERNARDA *y sus hijas.* LA PONCIA *las sirve.*
PRUDENCIA *está sentada aparte.)*

*(Al levantarse el telón hay un gran silencio interrumpido por
el ruido de platos y cubiertos.°)*

PRUDENCIA	Ya me voy. Os he hecho una visita larga. *(Se levanta.)*
BERNARDA	Espérate, mujer. No nos vemos nunca.
PRUDENCIA	¿Han dado el último toque° para el rosario?
LA PONCIA	Todavía no. *(*PRUDENCIA *se sienta.)*
BERNARDA	¿Y tu marido cómo sigue?
PRUDENCIA	Igual.
BERNARDA	Tampoco lo vemos.
PRUDENCIA	Ya sabes sus costumbres. Desde que se peleó° con sus hermanos por la herencia no ha salido por la puerta de la calle. Pone una escalera y salta las tapias° y el corral.
BERNARDA	Es un verdadero hombre. ¿Y con tu hija?
PRUDENCIA	No la ha perdonado.
BERNARDA	Hace bien.
PRUDENCIA	No sé qué te diga. Yo sufro por esto.
BERNARDA	Una hija que desobedece deja de ser hija para convertirse en una enemiga.

Azuladas: de color azul   cuchillos
Tenue fulgor: suave brillo   Toque: señal de las campanas
Quinqué: lámpara de petróleo   Se peleó: se enfadó
Cubiertos: cucharas, tenedores y   Tapias: paredes

PRUDENCIA   Yo dejo que el agua corra.° No me queda más
                 consuelo que refugiarme en la iglesia, pero
                 como me estoy quedando sin vista tendré que
                 dejar de venir para que no jueguen con una los
                 chiquillos.° *(Se oye un gran golpe en los muros.)*
                 ¿Qué es eso?
BERNARDA   El caballo garañón,° que está encerrado y da
                 coces° contra el muro. *(A voces.)* ¡Trabadlo° y
                 que salga al corral! *(En voz baja.)* Debe tener
                 calor.
PRUDENCIA   ¿Vais a echarle las potras nuevas?°
BERNARDA   Al amanecer.
PRUDENCIA   Has sabido acrecentar° tu ganado.
BERNARDA   A fuerza de° dinero y sinsabores.°
LA PONCIA   *(Interrumpiendo.)* Pero tiene la mejor manada°
                 de estos contornos. Es una lástima que esté
                 bajo de precio.
BERNARDA   ¿Quieres un poco de queso y miel?
PRUDENCIA   Estoy desganada.°
       (Se oye otra vez el golpe.)
LA PONCIA   ¡Por Dios!
PRUDENCIA   Me ha retemblado° dentro del pecho.
BERNARDA   *(Levantándose furiosa.)* ¿Hay que decir las
                 cosas dos veces? ¡Echadlo que se revuelque° en

---

Yo dejo que el agua corra: no
   interfiero en los asuntos de
   nadie
Chiquillos: niños
Caballo garañón: caballo
   destinado a la reproducción
Da coces: da patadas
¡Trabadlo!: ¡Atadle las patas!
¿Vais a echarle las potras
   nuevas?: ¿vais a aparear las
   potras con los caballos para

que se reproduzcan?
Acrecentar: aumentar
A fuerza de: a base de
Sinsabores: disgustos
Manada: grupo de animales
Estoy desganada: no tengo ganas
   de nada ahora
Retemblado: sonado
Que se revuelque: que se dé
   vueltas

	los montones de paja! *(Pausa, y como hablando con los gañanes.)* Pues encerrad las potras en la cuadra,° pero dejadlo libre, no sea que nos eche abajo° las paredes. *(Se dirige a la mesa y se sienta otra vez.)* ¡Ay, qué vida!
PRUDENCIA	Bregando° como un hombre.
BERNARDA	Así es. (ADELA *se levanta de la mesa.)* ¿Dónde vas?
ADELA	A beber agua.
BERNARDA	*(En voz alta.)* Trae un jarro° de agua fresca. *(A* ADELA.) Puedes sentarte. (ADELA *se sienta.)*
PRUDENCIA	Y Angustias, ¿cuándo se casa?
BERNARDA	Vienen a pedirla dentro de tres días.
PRUDENCIA	¡Estarás contenta!
ANGUSTIAS	¡Claro!
AMELIA	*(A* MAGDALENA.) Ya has derramado° la sal.
MAGDALENA	Peor suerte que tienes no vas a tener.
AMELIA	Siempre trae mala sombra.°
BERNARDA	¡Vamos!
PRUDENCIA	*(A* ANGUSTIAS.) ¿Te ha regalado ya el anillo?
ANGUSTIAS	Mírelo usted. *(Se lo alarga.°)*
PRUDENCIA	Es precioso. Tres perlas. En mi tiempo las perlas significaban lágrimas.
ANGUSTIAS	Pero ya las cosas han cambiado.
ADELA	Yo creo que no. Las cosas significan siempre lo mismo. Los anillos de pedida° deben ser de diamantes.
PRUDENCIA	Es más propio.

Cuadra: establo	Mala sombra: mala suerte
Eche abajo: tire	Se lo alarga: se lo da
Bregando: trabajando	De pedida: de compromiso
Jarro: jarra	matrimonial
Derramado: tirado	

BERNARDA	Con perlas o sin ellas, las cosas son como uno se las propone.
MARTIRIO	O como Dios dispone.
PRUDENCIA	Los muebles me han dicho que son preciosos.
BERNARDA	Dieciséis mil reales he gastado.
LA PONCIA	*(Interviniendo.)* Lo mejor es el armario de luna.°
PRUDENCIA	Nunca vi un mueble de estos.
BERNARDA	Nosotras tuvimos arca.
PRUDENCIA	Lo preciso es que todo sea para bien.
ADELA	Que nunca se sabe.
BERNARDA	No hay motivo para que no lo sea.

(Se oyen lejanísimas unas campanas.)

PRUDENCIA	El último toque. *(A* ANGUSTIAS.*)* Ya vendré a que me enseñes la ropa.
ANGUSTIAS	Cuando usted quiera.
PRUDENCIA	Buenas noches nos dé Dios.
BERNARDA	Adiós, Prudencia.
LAS CINCO A LA VEZ	Vaya usted con Dios.

(Pausa. Sale PRUDENCIA.*)*

BERNARDA	Ya hemos comido. *(Se levantan.)*
ADELA	Voy a llegarme hasta el portón para estirar las piernas y tomar un poco de fresco.

*(*MAGDALENA *se sienta en una silla baja retrepada° contra la pared.)*

AMELIA	Yo voy contigo.
MARTIRIO	Y yo.
ADELA	*(Con odio contenido.)* No me voy a perder.
AMELIA	La noche quiere compaña.° *(Salen.)*

*(*BERNARDA *se sienta y* ANGUSTIAS *está arreglando la mesa.)*

Armario de luna: armario con
   espejo

Retrepada: inclinada hacia atrás
Compaña: compañía

BERNARDA	Ya te he dicho que quiero que hables con tu hermana Martirio. Lo que pasó del retrato fue una broma y lo debes olvidar.
ANGUSTIAS	Usted sabe que ella no me quiere.
BERNARDA	Cada uno sabe lo que piensa por dentro. Yo no me meto en los corazones, pero quiero buena fachada y armonía familiar. ¿Lo entiendes?
ANGUSTIAS	Sí.
BERNARDA	Pues ya está.
MAGDALENA	*(Casi dormida.)* Además, ¡si te vas a ir antes de nada! *(Se duerme.)*
ANGUSTIAS	Tarde me parece.
BERNARDA	¿A qué hora terminaste anoche de hablar?
ANGUSTIAS	A las doce y media.
BERNARDA	¿Qué cuenta Pepe?
ANGUSTIAS	Yo lo encuentro distraído. Me habla siempre como pensando en otra cosa. Si le pregunto qué le pasa, me contesa: "Los hombres tenemos nuestras preocupaciones."
BERNARDA	No le debes preguntar. Y cuando te cases, menos. Habla si él habla y míralo cuando te mire. Así no tendrás disgustos.
ANGUSTIAS	Yo creo, madre, que él me oculta muchas cosas.
BERNARDA	No procures descubrirlas, no le preguntes y, desde luego, que no te vea llorar jamás.
ANGUSTIAS	Debía estar contenta y no lo estoy.
BERNARDA	Eso es lo mismo.
ANGUSTIAS	Muchas veces miro a Pepe con mucha fijeza y se me borra a través de los hierros, como si lo tapara una nube de polvo de las que levantan los rebaños.°

Rebaños: grupo de animales

BERNARDA	Eso son cosas de debilidad.
ANGUSTIAS	¡Ojalá!
BERNARDA	¿Viene esta noche?
ANGUSTIAS	No. Fue con su madre a la capital.
BERNARDA	Así nos acostaremos antes. ¡Magdalena!
ANGUSTIAS	Está dormida.

(Entran ADELA, MARTIRIO *y* AMELIA.*)*

AMELIA	¡Qué noche más oscura!
ADELA	No se ve a dos pasos de distancia.
MARTIRIO	Una buena noche para ladrones, para el que necesita escondrijo.°
ADELA	El caballo garañón estaba en el centro del corral ¡blanco! Doble de grande, llenando todo lo oscuro.
AMELIA	Es verdad. Dada miedo. Parecía una aparición.
ADELA	Tiene el cielo unas estrellas como puños.°
MARTIRIO	Ésta se puso a mirarlas de modo que se iba a tronchar° el cuello.
ADELA	¿Es que no te gustan a ti?
MARTIRIO	A mí las cosas de tejas arriba no me importan nada. Con lo que pasa dentro de las habitaciones tengo bastante.
ADELA	Así te va a ti.
BERNARDA	A ella le va en lo suyo como a ti en lo tuyo.
ANGUSTIAS	Buenas noches.
ADELA	¿Ya te acuestas?
ANGUSTIAS	Sí. Esta noche no viene Pepe. *(Sale.)*
ADELA	Madre, ¿por qué cuando se corre una estrella o luce un relámpago se dice: "Santa Bárbara bendita, que en el cielo estás escrita con papel y agua bendita?"

Escondrijo: lugar para
  esconderse

Puño: la mano cerrada
Tronchar: romper, partir

BERNARDA	Los antiguos sabían muchas cosas que hemos olvidado.
AMELIA	Yo cierro los ojos para no verlas.
ADELA	Yo, no. A mí me gusta ver correr lleno de lumbre° lo que está quieto y quieto años enteros.
MARTIRIO	Pero estas cosas nada tienen que ver con nosotros.
BERNARDA	Y es mejor no pensar en ellas.
ADELA	¡Qué noche más hermosa! Me gustaría quedarme hasta muy tarde para disfrutar el fresco del campo.
BERNARDA	Pero hay que acostarse. ¡Magdalena!
AMELIA	Está en el primer sueño.
BERNARDA	¡Magdalena!
MAGDALENA	*(Disgustada.)* ¡Déjame en paz!
BERNARDA	¡A la cama!
MAGDALENA	*(Levantándose malhumorada.)* ¡No la dejáis a una tranquila! *(Se va refunfuñando.°)*
AMELIA	Buenas noches. *(Se va.)*
BERNARDA	Andar vosotras también.
MARTIRIO	¿Cómo es que esta noche no viene el novio de Angustias?
BERNARDA	Fue de viaje.
MARTIRIO	*(Mirando a* ADELA.) ¡Ah!
ADELA	Hasta mañana. *(Sale.)*

*(*MARTIRIO *bebe agua y sale lentamente, mirando hacia la puerta del corral.)*

LA PONCIA	*(Saliendo.)* ¿Estás todavía aquí?
BERNARDA	Disfrutando este silencio y sin lograr ver por parte alguna "la cosa tan grande" que aquí pasa, según tú.

Lumbre: fuego
Refunfuñando: diciendo cosas en tono de enfado

LA PONCIA	Bernarda, dejemos esa conversación.
BERNARDA	En esta casa no hay ni un sí ni un no. Mi vigilancia lo puede todo.
LA PONCIA	No pasa nada por fuera. Eso es verdad. Tus hijas están y viven como metidas en alacenas.° Pero ni tú ni nadie puede vigilar por el interior de los pechos.
BERNARDA	Mis hijas tienen la respiración tranquila.
LA PONCIA	Esto te importa a ti, que eres su madre. A mí, con servir tu casa tengo bastante.
BERNARDA	Ahora te has vuelto callada.
LA PONCIA	Me estoy en mi sitio, y en paz.
BERNARDA	Lo que pasa es que no tienes nada que decir. Si en esta casa hubiera hierbas ya te encargarías de traer a pastar° las ovejas del vecindario.
LA PONCIA	Yo tapo más de lo que te figuras.
BERNARDA	¿Sigue tu hijo viendo a Pepe a las cuatro de la mañana? ¿Siguen diciendo todavía la mala letanía de esta casa?
LA PONCIA	No dicen nada.
BERNARDA	Porque no pueden. Porque no hay carne donde morder. A la vigilancia de mis ojos se debe esto.
LA PONCIA	Bernarda, yo no quiero hablar porque temo tus intenciones. Pero no estés segura.
BERNARDA	¡Segurísima!
LA PONCIA	A lo mejor,° de pronto, cae un rayo. A lo mejor, de pronto, un golpe te para el corazón.
BERNARDA	Aquí no pasa nada. Yo estoy alerta contra tus suposiciones.
LA PONCIA	Pues mejor para ti.

Alacenas: pequeño armario　　　Pastar: comer
destinado para guardar　　　A lo mejor: quizás
comida

BERNARDA	¡No faltaba más!°
CRIADA	*(Entrando.)* Ya terminé de fregar los platos. ¿Manda usted algo, Bernarda?
BERNARDA	*(Levantándose.)* Nada. Voy a descansar.
LA PONCIA	¿A qué hora quieres que te llame?
BERNARDA	A ninguna. Esta noche voy a dormir bien. *(Se va.)*
LA PONCIA	Cuando una no puede con el mar lo más fácil es volver las espaldas para no verlo.
CRIADA	Es tan orgullosa que ella misma se pone una venda en los ojos.
LA PONCIA	Yo no puedo hacer nada. Quise atajar° las cosas, pero ya me asustan demasiado. ¿Tú ves este silencio? Pues hay una tormenta en cada cuarto. El día que estallen° nos barrerán a todos. Yo he dicho lo que tenía que decir.
CRIADA	Bernarda cree que nadie puede con ella y no sabe la fuerza que tiene un hombre entre mujeres solas.
LA PONCIA	No es toda la culpa de Pepe el Romano. Es verdad que el año pasado anduvo detrás de Adela y estaba loca por él, pero ella debió estarse en su sitio y no provocarlo. Un hombre es un hombre.
CRIADA	Hay quien cree que habló muchas veces con Adela.
LA PONCIA	Es verdad. *(En voz baja.)* Y otras cosas.
CRIADA	No sé lo que va a pasar aquí.
LA PONCIA	A mí me gustaría cruzar el mar y dejar esta casa de guerra.

¡No faltaba más!: por supuesto   Estallen: exploten
Atajar: detener

CRIADA	Bernarda está aligerando° la boda y es posible que nada pase.
LA PONCIA	Las cosas se han puesto ya demasiado maduras. Adela está decidida a lo que sea y las demás vigilan sin descanso.
CRIADA	¿Y Martirio también?
LA PONCIA	Esa es la peor. Es un pozo de veneno. Ve que el Romano no es para ella y hundiría el mundo si estuviera en su mano.
CRIADA	¡Es que son malas!
LA PONCIA	Son mujeres sin hombre, nada más. En estas cuestiones se olvida hasta la sangre. ¡Chisss!° *(Escucha.)*
CRIADA	¿Qué pasa?
LA PONCIA	*(Se levanta.)* Están ladrando los perros.
CRIADA	Debe haber pasado alguien por el portón.

(Sale ADELA *en enaguas° blancas y corpiño.°)*

LA PONCIA	¿No te habías acostado?
ADELA	Voy a beber agua. *(Bebe en un vaso de la mesa.)*
LA PONCIA	Yo te suponía dormida.
ADELA	Me despertó la sed. Y vosotras, ¿no descansáis?
CRIADA	Ahora.

(Sale ADELA.*)*

LA PONCIA	Vámonos.
CRIADA	Ganado tenemos el sueño. Bernarda no me deja descansar en todo el día.
LA PONCIA	Llévate la luz.
CRIADA	Los perros están como locos.
LA PONCIA	No nos van a dejar dormir. *(Salen.)*

Aligerando: acelerando, apresurando
¡Chisss!: ¡silencio!
Enaguas: prenda interior que se lleva debajo de la falda
Corpiño: prenda que cubre el cuerpo hasta la cintura

(La escena queda casi a oscuras. Sale María Josefa *con una oveja en los brazos.)*

María Josefa   Ovejita, niño mío, vámonos a la orilla del mar. La hormiguita estará en su puerta, yo te daré la teta y el pan.

Bernarda, cara de leoparda. Magdalena, cara de hiena. ¡Ovejita! Meee, meeee. Vamos a los ramos del portal de Belén.

Ni tú ni yo queremos dormir; la puerta sola se abrirá y en la playa nos meteremos en una choza de coral. Bernarda, cara de leoparda.

Magdalena, cara de hiena. ¡Ovejita! Meee, meeee. Vamos a los ramos del portal de Belén. *(Se va cantando.)*

(Entra Adela. *Mira a un lado y otro con sigilo° y desaparece por la puerta del corral. Sale* Martirio *por otra puerta y queda en angustioso acecho° en el centro de la escena. También va en enaguas. Se cubre con un pequeño mantón negro de talle.° Sale por enfrente de ella* María Josefa.*)*

Martirio   Abuela, ¿dónde va usted?

María Josefa   ¿Vas a abrirme la puerta? ¿Quién eres tú?

Martirio   ¿Cómo está aquí?

María Josefa   Me escapé. ¿Tú quién eres?

Martirio   Vaya a acostarse.

María Josefa   Tú eres Martirio, ya te veo. Martirio, cara de Martirio. ¿Y cuándo vas a tener un niño? Yo he tenido éste.

Martirio   ¿Dónde cogió esa oveja?

María Josefa   Ya sé que es una oveja. Pero ¿por qué una oveja no va a ser un niño? Mejor es tener una

---

Sigilo: en secreto   Mantón negro de talle: mantón
Acecho: vigilancia   que llega hasta la cintura

	oveja que no tener nada. Bernarda, cara de leoparda. Magdalena, cara de hiena.
MARTIRIO	No dé voces.
MARÍA JOSEFA	Es verdad. Está todo muy oscuro. Como tengo el pelo blanco crees que no puedo tener crías, y sí, crías y crías y crías. Este niño tendrá el pelo blanco y tendrá otro niño y éste otro, y todos con el pelo de nieve, seremos como las olas, una y otra y otra. Luego nos sentaremos todos y todos tendremos el cabello blanco y seremos espuma. ¿Por qué aquí no hay espumas? Aquí no hay más que mantos de luto.
MARTIRIO	Calle, calle.
MARÍA JOSEFA	Cuando mi vecina tenía un niño yo le llevaba chocolate y luego ella me lo traía a mí y así siempre, siempre, siempre. Tú tendrás el pelo blanco, pero no vendrán las vecinas. Yo tengo que marcharme, pero tengo miedo que los perros me muerdan. ¿Me acompañarás tú a salir al campo? Yo quiero campo. Yo quiero casas, pero casas abiertas y las vecinas acostadas en sus camas con sus niños chiquitos y los hombres fuera sentados en sus sillas. Pepe el Romano es un gigante. Todas lo queréis. Pero él os va a devorar porque vosotras sois granos de trigo. No granos de trigo. ¡Ranas sin lengua!
MARTIRIO	Vamos. Váyase a la cama. *(La empuja.)*
MARÍA JOSEFA	Sí, pero luego tú me abrirás, ¿verdad?
MARTIRIO	De seguro.
MARÍA JOSEFA	*(Llorando.)* Ovejita, niño mío, vámonos a la orilla del mar. La hormiguita estará en su puerta, yo te daré la teta y el pan.

*(*Martirio *cierra la puerta por donde ha salido* María
Joséfa *y se dirige a la puerta del corral. Allí vacila,° pero
avanza dos pasos más.)*

Martirio	*(En voz baja.)* Adela. *(Pausa. Avanza hasta la misma puerta. En voz alta.)* ¡Adela!

(Aparece Adela. *Viene un poco despeinada.)*

Adela	¿Por qué me buscas?
Martirio	¡Deja a ese hombre!
Adela	¿Quién eres tú para decírmelo?
Martirio	No es ese el sitio de una mujer honrada.
Adela	¡Con qué ganas° te has quedado de ocuparlo!
Martirio	*(En voz alta.)* Ha llegado el momento de que yo hable. Esto no puede seguir así.
Adela	Esto no es más que el comienzo. He tenido fuerza para adelantarme. El brío° y el mérito que tú no tienes. He visto la muerte debajo de estos techos y he salido a buscar lo que era mío, lo que me pertenecía.
Martirio	Ese hombre sin alma vino por otra. Tú te has atravesado.°
Adela	Vino por el dinero, pero sus ojos los puso siempre en mí.
Martirio	Yo no permitiré que lo arrebates.° Él se casará con Angustias.
Adela	Sabes mejor que yo que no la quiere.
Martirio	Lo sé.
Adela	Sabes, porque lo has visto, que me quiere a mí.
Martirio	*(Despechada.°)* Sí.
Adela	*(Acercándose.)* Me quiere a mí. Me quiere a mí.

Vacila: duda	Atravesado: puesto en el medio
Ganas: deseo	Arrebates: lleves, quites
Brío: ánimo, decisión	Despechada: enfadada

MARTIRIO	Clávame un cuchillo si es tu gusto, pero no me lo digas más.
ADELA	Por eso procuras que no vaya con él. No te importa que abrace a la que no quiere; a mí, tampoco. Ya puede estar cien años con Angustias, pero que me abrace a mí se te hace terrible, porque tú lo quieres también, lo quieres.
MARTIRIO	*(Dramática.)* ¡Sí! Déjame decirlo con la cabeza fuera de los embozos. ¡Sí! Déjame que el pecho se me rompa como una granada de amargura. ¡Le quiero!
ADELA	*(En un arranque y abrazándola.)* Martirio, Martirio, yo no tengo la culpa.
MARTIRIO	¡No me abraces! No quieras ablandar° mis ojos. Mi sangre ya no es la tuya. Aunque quisiera verte como hermana, no te miro ya más que como mujer. *(La rechaza.)*
ADELA	Aquí no hay ningún remedio. La que tenga que ahogarse que se ahogue. Pepe el Romano es mío. Él me lleva a los juncos° de la orilla.
MARTIRIO	¡No será!
ADELA	Ya no aguanto el horror de estos techos después de haber probado el sabor de su boca. Seré lo que él quiera que sea. Todo el pueblo contra mí, quemándome con sus dedos de lumbre, perseguida por los que dicen que son decentes, y me pondré la corona de espinas que tienen las que son queridas de algún hombre casado.
MARTIRIO	¡Calla!
ADELA	Sí, Sí. *(En voz baja.)* Vamos a dormir, vamos

Ablandar: suavizar   Juncos: tipo de planta

	a dejar que se case con Angustias, ya no me importa, pero yo me iré a una casita sola donde él me verá cuando quiera, cuando le venga en gana.
MARTIRIO	Eso no pasará mientras yo tenga una gota de sangre en el cuerpo.
ADELA	No a ti, que eres débil; a un caballo encabritado° soy capaz de poner de rodillas con la fuerza de mi dedo meñique.°
MARTIRIO	No levantes esa voz que me irrita. Tengo el corazón lleno de una fuerza tan mala, que, sin quererlo yo, a mí misma me ahoga.
ADELA	Nos enseñan a querer a las hermanas. Dios me ha debido dejar sola en medio de la oscuridad, porque te veo como si no te hubiera visto nunca.

(Se oye un silbido° y ADELA *corre a la puerta, pero* MARTIRIO *se le pone delante.)*

MARTIRIO	¿Dónde vas?
ADELA	¡Quítate de la puerta!
MARTIRIO	¡Pasa si puedes!
ADELA	¡Aparta! *(Lucha.)*
MARTIRIO	*(A voces.)* ¡Madre, madre!

(Aparece BERNARDA. *Sale en enaguas, con un mantón negro.)*

BERNARDA	Quietas, quietas. ¡Qué pobreza la mía, no poder tener un rayo entre los dedos!
MARTIRIO	*(Señalando a* ADELA.) ¡Estaba con él! ¡Mira esas enaguas llenas de paja de trigo!
BERNARDA	¡Esa es la cama de las mal nacidas! *(Se dirige furiosa hacia* ADELA.)

Encabritado: que se levanta de   de la mano
   manos   Silbido: sonido producido con
Meñique: el dedo más pequeño   aire expulsado por la boca

ADELA	*(Haciéndole frente.)* ¡Aquí se acabaron las voces de presidio!° (ADELA *arrebata un bastón° a su madre y lo parte en dos.)* Esto hago yo con la vara° de la dominadora. No dé usted un paso más. En mí no manda nadie más que Pepe.
MAGDALENA	*(Saliendo.)* ¡Adela!

(Salen LA PONCIA *y* ANGUSTIAS.*)*

ADELA	Yo soy su mujer. *(A* ANGUSTIAS.*)* Entérate tú° y ve al corral a decírselo. Él dominará toda esta casa. Ahí fuera está, respirando como si fuera un león.
ANGUSTIAS	¡Dios mío!
BERNARDA	¡La escopeta!° ¿Dónde está la escopeta? *(Sale corriendo.)*

(Sale detrás MARTIRIO. *Aparece* AMELIA *por el fondo, que mira aterrada° con la cabeza sobre la pared.)*

ADELA	¡Nadie podrá conmigo! *(Va a salir.)*
ANGUSTIAS	*(Sujetándola.)* De aquí no sales tú con tu cuerpo en triunfo. ¡Ladrona! ¡Deshonra de nuestra casa!
MAGDALENA	¡Déjala que se vaya donde no la veamos nunca más!

(Suena un disparo.)

BERNARDA	*(Entrando.)* Atrévete a buscarlo ahora.
MARTIRIO	*(Entrando.)* Se acabó Pepe el Romano.
ADELA	¡Pepe! ¡Dios mío! ¡Pepe! *(Sale corriendo.)*
LA PONCIA	¿Pero lo habéis matado?
MARTIRIO	No. Salió corriendo en su jaca.

Presidio: cárcel, prisión
Bastón: palo que se usa para
  caminar
Vara: palo, bastón
Entérate tú: quiero que lo sepas

tú
¡La escopeta!: arma que se usa
  para disparar
Aterrada: con mucho miedo

BERNARDA	No fue culpa mía. Una mujer no sabe apuntar.
MAGDALENA	¿Por qué lo has dicho entonces?
MARTIRIO	¡Por ella! Hubiera volcado° un río de sangre sobre su cabeza.
LA PONCIA	Maldita.
MAGDALENA	¡Endemoniada!
BERNARDA	Aunque es mejor así. *(Suena un golpe.)* ¡Adela, Adela!
LA PONCIA	*(En la puerta.)* ¡Abre!
BERNARDA	Abre. No creas que los muros defienden de la vergüenza.
CRIADA	*(Entrando.)* ¡Se han levantado los vecinos!
BERNARDA	*(En voz baja como un rugido.°)* ¡Abre, porque echaré abajo la puerta! *(Pausa. Todo queda en silencio.)* ¡Adela! *(Se retira de la puerta.)* ¡Trae un martillo! (LA PONCIA *da un empujón y entra. Al entrar da un grito y sale.)* ¿Qué?
LA PONCIA	*(Se lleva las manos al cuello.)* ¡Nunca tengamos ese fin!

(Las HERMANAS *se echan hacia atrás. La* CRIADA *se santigua.* BERNARDA *da un grito y avanza.)*

LA PONCIA	¡No entres!
BERNARDA	No. ¡Yo no! Pepe, tú irás corriendo vivo por lo oscuro de las alamedas,° pero otro día caerás. ¡Descolgarla! ¡Mi hija ha muerto virgen! Llevadla a su cuarto y vestirla como una doncella. ¡Nadie diga nada! Ella ha muerto virgen. Avisad que al amanecer den dos clamores° las campanas.

Volcado: echado, derramado
Rugido: sonido que emiten los
  animales salvajes
Alameda: lugar poblado de

álamos, un tipo de árbol
Clamores: toques de las
  campanas por un difunto

MARTIRIO	Dichosa° ella mil veces que lo pudo tener.
BERNARDA	Y no quiero llantos.° La muerte hay que mirarla cara a cara. ¡Silencio! *(A otra* HIJA.) ¡A callar he dicho! *(A otra* HIJA.) ¡Las lágrimas cuando estés sola! Nos hundiremos todas en un mar de luto. Ella, la hija menor de Bernarda Alba, ha muerto virgen. ¿Me habéis oído? ¡Silencio, silencio he dicho! ¡Silencio!

Telón

Dichosa: feliz   Llantos: lamentos

Cuestionario

Acto Primero

1. ¿Cuánto tiempo lleva La Poncia de criada para Bernarda? ¿Tiene otras criadas Bernarda?

2. ¿Cuántas hijas tiene Bernarda? ¿Cuántas hijas tuvo Antonio María Benavides con Bernarda?

3. ¿Quién es la más rica de todas las hermanas? ¿Por qué tiene tanto dinero?

4. ¿Cómo son descritas físicamente las hijas de Bernarda? ¿Quién es la más joven de las hermanas? ¿Quién es la mayor?

5. ¿Qué relación tenía Antonio María Benavides con la criada?

6. ¿Qué le quería pedir María Josefa a Bernarda durante el duelo?

7. ¿Qué sucedió con Paca la Roseta?

8. ¿Quién es Adelaida? ¿Qué sabemos de su padre?

9. ¿Quién es Enrique Humanas?

10. Según Martirio, ¿qué buscan los hombres en las mujeres?

11. ¿Con quién se iba a casar Pepe el Romano? ¿Cuántos años tenían él y su novia?

12. ¿Cuál de las hermanas se distingue por ser una buena modista?

13. ¿Qué vaticina María Josefa a sus nietas? ¿Qué desea hacer aquélla?

Cierto o falso

1. La acción narrativa se desarrolla en la estación de otoño.

2. Según La Poncia, Magadalena era la única de las hermanas que quería a Antonio María Benavides.

3. Los parientes de Antonio María Benavides no asisten a sus funerales porque lo odiaban.

4. La criada de Bernarda Alba le da pan y queso a la mendiga que le pide las sobras.

5. Bernarda Alba se siente satisfecha de que todo el pueblo haya participado en el funeral de Antonio María Benavides.

6. Bernarda piensa que los hombres de su pueblo no tienen suficiente clase para casarse con sus hijas.

7. Magdalena dice que antes las bodas duraban poco tiempo y que había muchas críticas y chismes de la gente.

8. Adela ya sabía que Pepe el Romano se iba a casar con Angustias.

Acto Segundo

1. ¿A qué hora del día ocurre la acción de este acto? ¿Qué tiempo hace?

2. ¿Cómo describe La Poncia lo que ocurrió entre ella y su esposo Evaristo la primera vez que éste fue a su ventana?

3. ¿Qué estado emocional revela Adela en la conversación que mantiene con La Poncia?

4. ¿Quién es la mujer de lentejuelas? ¿Qué relación tiene con los segadores?

5. ¿Por qué creen Adela y Martirio que Pepe el Romano se quiere casar con Angustias?

6. ¿Qué le sugiere Bernarda a La Poncia cuando le dice que "el lupanar se queda para alguna mujer ya difunta."

7. ¿Qué hizo la hija de la Librada con el hijo que tuvo?

Selección múltiple

I Según La Poncia, Pepe el Romano se fue de casa de Bernarda

1. A la una de la mañana
2. A la una y media de la mañana
3. A las cuatro de la mañana
4. A las cuatro y media de la mañana

II La primera vez que Pepe el Romano se acercó a la ventana de Angustias le dijo que

1. Estaba enamorado de ella
2. Buscaba una mujer buena y decente como ella
3. Quería casarse con su hermana Adela
4. Necesitaba más tiempo para decidir si quería casarse con ella

III Después de casarse con La Poncia, Evaristo

1. Tuvo varias relaciones extramaritales con otras mujeres
2. Se enamoró de Angustias
3. Se dedicó a criar pájaros de colores
4. Se dedicó a viajar por todos los pueblos de la región en busca de trabajo

IV   La Poncia le dice a Adela que

1.   Abandone la idea de casarse con Pepe el Romano
2.   Trate de seducir a Pepe el Romano para que se case con ella
3.   Convenza a Pepe el Romano para que se case con Martirio
4.   Pepe el Romano está verdaderamente enamorado de Angustias

V   ¿Quién le quitó a Angustias el retrato de Pepe el Romano que tenía debajo de su almohada?

1.   Bernarda
2.   Adela
3.   La Poncia
4.   Martirio

VI   Martirio no se casó con Enrique Humanas porque

1.   No lo quería suficientemente
2.   Estaba enamorada de Pepe el Romano
3.   Su madre se lo prohibió
4.   El no la quería

VII   ¿Qué sugiere Lorca cuando Adela, al conocer la historia de la hija de la Librada, reacciona negativamente ante lo sucedido y se coge el vientre?

1.   Que Adela está en contra de los comentarios negativos de su madre
2.   Que Adela está en contra del castigo que da la gente a la hija de la Librada
3.   Que Adela está embarazada
4.   Todos los comentarios anteriores

Acto Tercero

1. Según Prudencia, ¿ha aumentado Bernarda la crianza de ganado?

2. ¿Se ha gastado mucho dinero Bernarda en regalos de boda?

3. ¿Cómo encuentra Angustias a Pepe el Romano cuando se ven?

4. ¿Qué deseos le confiesa María Josefa a Martirio?

5. De no hacerlo con ella, ¿con quién quiere Martirio que se case Pepe el Romano, con Adela o con Angustias?

6. ¿Por qué se suicida Adela? ¿Logró matar Bernarda a Pepe el Romano?

7. ¿Cómo reacciona Bernarda ante la muerte de su hija Adela?

Complete las siguientes frases

1. Desde que se enfadó con sus hermanos, el esposo de Prudencia…

2. Según Adela, los anillos de pedida deben ser de…

3. Bernarda dice que ella no se mete en los corazones, que lo que quiere es…

4. Angustias dice que esa noche Pepe el Romano no viene a verla porque…

5. Las hijas de Bernarda que mayor interés tienen en Pepe el Romano son…

6. María Josefa piensa que su oveja es…

7. Adela acepta finalmente que Pepe el Romano se case con Angustias, pero ella toma la decisión de ir…

Análisis crítico

1. ¿Qué repercusiones tiene en toda la familia, incluida Bernarda, la decisión que toma Antonio María Benavides con respecto a su herencia?

2. ¿Qué jerarquía de poder se establece en esta obra desde el personaje de la mendiga que aparece al principio de la obra hasta Bernarda?

3. La pintura juega un papel importante en la escenografía de esta obra. Comente e interprete su significado dentro del contexto de esta obra.

4. De modo similar a los cuadros, Lorca presta especial atención a la descripción de la casa y sus paredes ¿Qué valor simbólico le asigna a éstas?

5. Lorca, como es característico en él, concede en esta obra una gran importancia a los aspectos cromáticos. Adela, por ejemplo, aparece en una ocasión con un vestido verde, y el color de las paredes del primer acto no es igual al del último. Comente el valor simbólico de los distintos colores empleados en esta obra.

6. Comenzando con el apellido de Bernarda, "Alba", y siguiendo con los nombres de sus hijas, Lorca parece atribuir un papel importante a la onomástica en esta obra. Comente el significado de algunos nombres y relaciónelos con la acción dramática.

7. Algunos críticos, partiendo de los nombres de La Poncia y Pepe el Romano, y del papel que juega Adela, han hecho una lectura bíblica de la obra. Por ejemplo, comparan la tragedia de ésta, y el cordero que lleva María Josefa, con Cristo y su sacrificio en la cruz. ¿Puede justificar esta lectura con ejemplos concretos tomados de esta pieza dramática?

8. En la obra hay varias referencias al dinero y a la jerarquía de clases sociales. Comente el significado de estas referencias y la importancia de aquéllos en la dinámica social de la época.

9. Se dice que Lorca era una persona supersticiosa. ¿Puede encontrar en esta obra algunos ejemplos de superstición? ¿Cómo los interpreta?

10. ¿Qué representan los segadores? ¿Cómo interpreta sus canciones?

11. Las isotopías del calor, el agua, y la limpieza aparecen repetidamente a lo largo de la obra. ¿Cómo las interpreta? ¿Qué relación encuentra entre éstas, la acción dramática y los distintos personajes de la obra?

12. Hacia el final de la obra, Adela rompe el bastón de su madre, ¿qué valor le asigna a ese actante? ¿qué implicaciones tiene este acto de Adela?

13. En un momento dado de la obra Bernarda dice: "Hilo y aguja para las hembras. Látigo y mula para el varón". ¿Es este un comentario feminista o pertenece más bien a una persona vinculada al sistema patriarcal? Comente esta observación teniendo en cuenta el género del que realiza tal enunciado.

14. ¿Qué significado le asigna a la oveja y al mar que aparecen en la canción de María Josefa? ¿Qué relación encuentra entre ésta y sus nietas?

15. ¿Qué papel juega el caballo en esta obra? ¿Cómo interpreta su deseo de salir del establo?

16. ¿Cómo se produce el conflicto dramático en esta obra? ¿quiénes protagonizan este conflicto?

17. En la obra podemos ver claramente dos tipos de espacios: uno cerrado, perteneciente a las mujeres, y otro abierto, perteneciente a los hombres. Si pensamos que el caballo

y María Josefa viven encerrados en un establo y en un cuarto, respectivamente, y que otros personajes viven en un estado de clausura similar a ellos, ¿podemos seguir añadiendo otros círculos concéntricos? En este proceso de universalización, ¿quién o quiénes ocuparían el último círculo concéntrico?

18. En el comentario de Martirio a su hermana Amelia, "todo es una terrible repetición", Lorca está sugiriendo una estructura circular. Identifique algunos ejemplos anecdóticos que apuntan a una estructura circular y relacione el significado de la misma con la acción dramática y los protagonistas de la obra.

Ensayo

1. Haga un estudio sobre la relación analógica que encuentra entre la acción dramática principal y las tres historias que funcionan como ejemplos de duplicación interior: la de Adelaida, la de Paca la Roseta y la de la hija de la Librada.

2. Escriba un ensayo sobre la importancia de los temas del honor y la honra en esta obra. Preste atención a cómo la opinión de los demás influye en la vida de esta familia y de otras mujeres que aparecen en la obra y cómo funcionan los mismos códigos del honor y de la honra cuando se aplican a figuras del orden patriarcal.

Bibliografía

Busette, Cedric. *Obra dramática de García Lorca.* N. York: Las Américas Pub. Co., 1971.

Cobb, Carl W. *Federico García Lorca.* N. York: Twayne Pub., Inc., 1967.

Edwards, Gwynne. *Lorca. The Theater Beneath the Sand.* London: Marion Boyars, 1980.

Feal, Carlos. *Lorca: tragedia y mito.* Ottawa: Ottawa Hispanic Studies, 1989.

Harretche, María Estela. *Federico García Lorca. Análisis de una revolución teatral.* Madrid: Gredos, 2000.

Morris, Brian C. *García Lorca. La casa de Bernarda Alba.* London: Grant & Cutler Ltd., 1990.

Ruiz Ramón, Francisco. *Historia del teatro español. Siglo XX.* 2a. ed. Madrid: Cátedra, 1975.